오늘은
좋은날
입니다

오늘은 좋은 날입니다

지은이 최동준

1판 1쇄 발행 2017년 11월 16일

저작권자 최동준

발행처 하움 출판사
발행인 문현광
교정교열 조세현
디자인 이경희
주소 광주광역시 남구 주월동 1257-4 3층 하움 출판사
ISBN 979-11-88461-10-3

홈페이지 http://haum.kr/
이메일 haum1000@naver.com

좋은 책을 만들겠습니다.
하움출판사는 독자 여러분의 의견에 항상 귀 기울이고 있습니다.

· 값은 표지에 있습니다.
· 파본은 구입처에서 교환해 드립니다.
· 이 책은 저작권법에 따라 보호받는 저작물이므로 무단전제와 무단복제를 금지하며, 이 책 내용
  의 전부 또는 일부를 이용하려면 반드시 저작권자와 하움출판사의 서면동의를 받아야합니다.

오늘은 좋은날 입니다

최동준 지음

하움 출판사

제1부 - 살면서 스치면서

망각이란	10
나의 행복은 자식의 행복입니다	13
적극적인 사람과 소극적인 사람	15
행복이란	18
오해	21
오늘은 좋은 날입니다	24
마이클 펠프스와 장미란의 노력과 재능	26
보물	28
우리 할머니	30
사람은 먹기 위해 살아가는 유일한 존재?	33
믿음은 중요한 것	38
교육자분들이여, 정신 좀 차리세요.	42
깨는 일은 두려운 일이 아니다	45
사랑타령	48
널리 사랑이 깊이 사랑보다 한 수 위	50
부모가 자식에게 바라는 것은	53
베풂을 자각하지 말라	56
고달픔이란 것	58
여유로운 사람은 불안하지 않아	60
곱씹고 싶은 말 한마디	63
서운한 감정	65

싹을 틔우는 마음으로	68
보다 덜 갖는 무소유	70
선입견을 버려야	74
침묵의 힘	76
행복은 퍼져 나아가는 것	79
꽃무릇(상사화) 축제	82
무엇을 갈고 닦는다는 것은	84
함께 잘 살기가 그렇게도 어려운가?	86
아쉬움과 기대	90
사람을 버리지 마세요	92
누구에게나 삶은 고해苦海랍니다	96
흥얼거리다가 우는 바보	100
그리움이 아니라 차라리 병이다	102
추석	104
윗집의 귀여운 아기	106
표절	108
애들아 투표하거라	110
서로 다르다	114
음력 윤달이 뭐 어째서	116
어중간하게 채워진 깡통	119
순간에 충실한 삶	122
아주 가끔은	125
우리 부부는	128

음수사원飮水思源	131
허허실실虛虛實實을 체험하다	133
눈치 볼 일이 많은 세상	136
말이 많으면	137
바라는 사람과 바람직한 사회	139
일체유심조一切唯心造	141
다종교 시대에	143
정말 살아보고 싶은 나라	146
괜히 차별한다는 것은 나쁜 일입니다	148

제2부 - 봄 여름 가을 겨울

가을의 문턱에 서서	153
낙엽	157
깊어가는 가을밤에	158
봄꽃보다 가을 단풍이 더 아름답습니다.	159
가을입니다.	162
난초와 군자	164
이 봄에 김소월의 진달래꽃을 감상해 본다	169

제3부 - 이러쿵 저러쿵

과유불급過猶不及	175
백의종군白衣從軍	177
필사즉생必死卽生 필생즉사必生卽死	180
원숭이의 탁월한 선택 조삼모사朝三暮四	182
광풍제월光風霽月-2008년이여	185
내가 보는 성철스님의 열반송	187
나이를 먹으면 점점 도사가 되어가는 것	190
지자요수知者樂水 인자요산仁者樂山	196
늙어서 마음 편하게 살아가려면	198
부부유별夫婦有別	202
욕慾이란 것이 지나치면	204
부자유친父子有親	207
출가외인出嫁外人은 출가외인出家外人으로	211
부모가 살아계신 동안에는	216
속 뜻 뒤집기	220
천고마비天高馬肥라는 말에서	222
촌음寸陰을 아끼자	225
부끄러움을 안다는 것	227
화和와 동同	231
오행으로 풀어보는 삼복三伏에 닭과 개를 먹는 이유	233

제1부
살면서
스치면서

망각이란?

망각이란 '잊어버리는 것' 입니다.
사람이 살다 보면 꼭 잊고 싶은데 잊히지 않는 경우도 있고, 잊힐까 봐 두려운데도 얼마 지나지 않아서 새까맣게 잊어버리는 일도 있습니다.

어떤 사람은 잊힌 일 때문에 괴로워하고, 어떤 사람은 잊어야 하는데도 잊히지 않아서 마음 아파합니다.
세상만사 일상사가 모두 이와 같겠지만 유달리 연인관계에서는 망각이란 것이 더욱 두드러진 여운을 남깁니다.

한때는 사랑했던 연인이지만 사랑의 결실을 보지 못하고 헤어져야 하는 사람에게는 특히나 더합니다.

앞에서도 말했지만 잊는다는 말은 망각한다는 말입니다.
그런데 이 '망각'이란 말이 참으로 묘합니다.
'잊어야지' 할수록 새록새록 더욱 또렷하게 살아납니다.

가만히 있으면 잘도 잊히는데 '잊어야지' 하면 할수록 잊히지를 않는 것이지요.

나는 아주 오래전(중학교 때로 기억)에 소설 하나를 읽은 적이 있습니다.
일본 사람이 쓴 소설인데 제목도 생각이 나지 않고 누가 지었는지도 기억이 없습니다.
그러나 내용 중에 남자 주인공이 울부짖으며 중얼거리던 이 말 만큼은 너무나 뚜렷하게 기억하고 있습니다.

'망각'이란 잊어버리는 것
잊을 수 없어
'망각'을 맹세하는 마음의 슬픔이여!

사랑하는 연인과 헤어지고 '이젠 잊어야지'하고 마음으로는 골백번을 망각, 망각했는데도 잊히지 않으니 너 '망각'이란 놈은 도대체 어떤 놈이냐?
오히려 너 때문에 나는 잊을 수가 없으니 너는 나를 슬프게 하는 나쁜 놈이구나.
주인공의 절규가 들리는 것만 같습니다.

사람이 살다 보면 누구나 한 번쯤은 잊히지 않아서 가슴 태워보는 아름다운 추억들이 있을 수 있습니다.
잊히지 않는다는 것은 아직도 내 마음에 그의 존재가 크게 자리하고 있다는 것입니다.

굳이 잊히지 않는 그런 흔적이라면 잊으려고 애쓸 것이 아니라 소중한 추억으로 보듬고 살아야 할 것입니다.

그러다 보면 그가 차지하고 있던 자리에 다른 이가 자리를 잡게 되고 잊히지 않던 일도 자연스럽게 잊힐 것이기 때문입니다.

잊어버리는 것도
잊히지 않는 것도
모두가 나에게는 소중한 것들입니다.

2009년 4월

나의 행복은 자식의 행복입니다

자식이 자라서 제 삶을 꾸리기 전까지는 나의 행복은 자식의 행복이 됩니다. 그런데 가만히 생각해보면 자식이 제 삶을 꾸린 후라 할지라도 나의 행복이 자식의 행복인 경우가 더 많음을 봅니다.

대부분의 많은 사람은 자식이 잘 되기를 바랍니다.
잘 되기를 바란다는 것은 결국은 그 자식이 행복하게 살아가기를 바라는 것입니다.
열심히 벌어서 학원에도 보내고 여행도 시켜 줍니다.
남의 자식보다 행복해지는 일이라면 무슨 일이든지 할 수도 있을 것 같습니다.
그러나 그 자식들이 나의 삶을 지켜보고 있다는 생각은 미처 하지를 못합니다.

나의 삶을 지켜보는 자식들은 나의 삶에서 많은 것을 배웁니다.
내가 하는 대화의 방법을 배우고, 내가 하는 행동 하나하나를 모두

배웁니다. 아니 일부러 배우려고 해서가 아니라 자기도 모르는 사이에 저절로 배우게 됩니다.
내가 행복하게 살아가면 행복하게 살아가는 법을 배우고, 아옹다옹 한숨만 쉬면서 살아가면 아옹다옹 한숨만 쉬는 법을 배웁니다.
부모의 잘못된 삶을 보면서 그렇게는 살지 않겠다고 하면서도 자신도 모르게 그 삶의 방식을 차곡차곡 몸과 마음속에 쌓아두게 되는 것입니다.
모두가 그런 것은 아니겠지만 대부분의 많은 사람은 그럴 것으로 생각해 봅니다.

자식이 행복해지기를 원한다면 나부터 행복하게 사는 법을 찾아야 합니다.
자식과 함께 살 때는 부모가 행복해하니 저희도 행복해할 것이요, 부모와 떨어져서 제 삶을 꾸린 후에는 행복하게 사는 법을 배웠으니 행복하게 살 것입니다.
거울에 비친 나의 모습은 앞으로 살아가야 할 자식의 모습입니다.

돈이 있으면 있는 대로 없으면 없는 대로, 환경이 좋으면 좋은 대로 나쁘면 나쁜 대로, 자식이 옆에서 보고 있으니 둘이서 알콩달콩 행복하게 살아야겠습니다.
나의 행복은 자식의 행복이기 때문입니다.

2007년 12월

적극적인 사람과 소극적인 사람

요즘은 자살이 아주 흔한 세상입니다.
자살하는 사람은 과연 적극적인 사람인가 소극적인 사람인가 하고 생각하다가 아주 간단한 방법으로 그 둘을 구별해 내는 방법을 생각해 보았습니다.
적극적이란 사물에 대한 태도가 긍정적이고 능동적인 것이고, 소극적이란 그 반대의 현상을 말하는 것이라 한다면 가장 직접적이고 절박한 '자기 목숨'에 대한 태도가 중요한 기준이 될 수도 있겠다는 생각을 해 봅니다.
그 기준은 '내가 내 마음대로 할 수 있는 일'입니다.

적극적인 사람은 살아가면서 겪게 되는 무슨 일이든지 자기 자신이 극복하고 이겨낼 수 있다고 믿으며 긍정적으로 생각합니다.
좋은 일은 좋아서 힘들이지 않고 지나가며, 힘든 일은 하다 보면 좋아지리라는 희망을 품고 열심히 살아갑니다.

그러나 이런 사람도 자기 힘으로는 도저히 불가능하다고 생각하는 것이 딱 한 가지 있습니다. 그것은 죽고 사는 문제입니다.
이 문제만큼은 자기 자신이 어찌할 수 없음을 알고 '인명은 재천'이라고 그저 열심히 살아갑니다.

소극적인 사람은 그 반대입니다.
자기 마음대로 할 수 있는 것이 별로 없으며 무슨 일이든지 부정적으로 생각합니다.
처음부터 그럴 수도 있고, 살다 보니까 그렇게 변했을 수도 있습니다.
내가 먹고 일하는 것도 너희들(식구들) 때문에 할 수 없이 먹고 일한다고 생각합니다.

지금 내가 하는 모든 것들은 내가 하고 싶어서 하는 것이 아무것도 없으며, 주변 환경에 의해서 어쩔 수 없이 할 수밖에 없다고 생각합니다. 마치 달리는 열차에 몸을 싣고 좋으나 싫으나 밖으로 지나치는 풍경을 쳐다보아야 하는 것과 같이 말입니다.
그러나 이런 사람에게도 딱 한 가지 자기 스스로 자기 힘으로 할 수 있는 것이 있습니다. 즉 살고 죽는 것은 얼마든지 자기 마음대로 선택할 수 있다고 생각합니다.

'내가 아직은 살고 싶으니까 살고 있지, 내가 죽고 싶을 때는 언제든지 내 마음대로 죽을 수가 있다'고 생각합니다.
용기 있는 사람같이 보이지만 사실은 소극적인 사람입니다.
이런 구분을 기준으로 한다면 돌아가신 정주영 회장께서는 참으로 적극적인 사람입니다.
'이 세상에 살아가면서 자기 뜻대로 할 수 없는 것이 딱 세 가지 뿐'이라면서, 그 중 한 가지를 '죽고 사는 것을 내 마음대로 할 수 없다'고 하셨으니 말입니다. (나머지 두 개는 부모로부터 태어나는 것과 부부 사이에 만나는 인연을 꼽았습니다.)
그분의 삶과 정신이 맞아 떨어지는 것 같지 않습니까?

이렇게 구별해 놓고 나서 그 정도에 따라서 적당히 가감해 보면 재미있는 결과가 그려집니다.
이 글을 읽고 있는 님께서는 소극적인 사람입니까? 아니면 적극적인 사람입니까?
그도 아니면 아직은 그 중간쯤 되는 사람입니까?

       태어나지 말아라. 죽기 어렵나니
    죽지 말아라. 태어나기 어렵다고 했지요.

    적극적으로 열심히 살아야겠습니다.

2008년 4월

행복이란

행복이란 어디에서 올까요 ?
내 마음속에서 나옵니다.
따라서 '저 사람은 행복한 사람이야'는 맞지 않습니다.
'나는 행복한 사람이야'가 맞습니다.

저 사람 눈에 내가 행복하지 못해 보여도 내가 행복하면 행복한 것이고, 저 사람 눈에 내가 행복해 보여도 정작 내가 행복하지 못하면 행복하지 못한 것입니다.
이렇듯 '내가 느끼는 행복'과 '남이 보고 있는 행복'이 서로 다릅니다.

전 세계를 대상으로 발표되는, 행복지수가 높은 나라 중에는 의외로 후진국(요즘의 잣대로)들이 다수 끼어 있음을 보게 됩니다.
나는 아주 오래전에 많은 사람이 지켜보는 중에도 아랑곳하지 않고 쓰레기통에서 담배꽁초를 찾아내어 그 자리에서 맛있게 피우던 사람을 본 적이 있는데, 너무나 당당해서 비굴하거나 부끄러워하거나 불행해 하는 모습으로 보이지 않던 기억이 있습니다.

결국, 내가 원하고 바라는 기대치를 낮추면 행복을 느낄 기회가 훨씬 많아진다는 말을 실감하는 사건입니다.

사람들은 날마다 행복을 추구하며 살아가는데 그 행복이란 것이 '내가 느끼는 행복인가, 남에게 보이는 행복인가?'를 혼동할 때가 많습니다.

또한, 사람마다 서로 같은 일을 겪으면서도 행복을 느끼는 정도가 다르기 마련인데 미국의 호프칼리지의 행복 전문가 데이비드 마이어스의 발표를 보면

행복한 사람들은 우선, 자신을 무척이나 사랑하는 사람들이다.
자존심이 강하고, 자신이 남들보다 대단히 윤리적이라고 생각하며, 지적이고 편견이 적으며, 남과 잘 어울리고 건강하다고 믿는 사람들이다.
둘째, 낙천적이다.
삶을 적극적으로 영위하고, 가까운 친구나 가족에게 항상 따뜻하며 자주 미소 짓고, 남을 헐뜯거나 적대적인 행동을 취하지 않는 사람들이다.
셋째, 대부분 외향적이다.
사교적이고 개방적인 사람들이 좋은 친구가 많으며, 교제가 쉽고, 직장에서도 인기가 높아 행복감을 훨씬 더 느낀다고 적고 있습니다.
인간은 사회적 동물이니 그럴 법도 합니다.

아마도 자신을 사랑하고, 적극적이고 낙천적이며, 자신을 가두고 닫지 않고 여럿과 잘 어울리며 살다 보면 어느샌가 '행복'이 내 곁에 와 있을 것 같습니다.
행복은 내가 느끼는 감정입니다.

2008년 5월

오해

오해는 무섭습니다.
오해의 끝은 좋은 일보다는 나쁜 일이 훨씬 많습니다. 자칫하면 나와 너의 관계를 멀어지게 하고, 심하면 아예 인연을 끊어 버릴 수도 있기 때문입니다.

작게는 부부간, 친구간이 그렇고, 이웃 간이 그렇고, 좀 더 크게는 나라와 나라 간이 그렇습니다.

오해를 왜 하게 될까요?
그것은 이해가 부족해서입니다. 모든 것을 이해하는데 오해가 끼어들 틈이 없습니다.
그렇다면 어찌하여 이해가 부족할까요? 하고 묻지 않을 수가 없겠습니다.

그것은 친근감이 떨어지기 때문입니다.
마음속에 그와 친한 마음이 자리하고 있으면 그에 대한 모든 것을 이해할 수 있습니다.
그에 대하여 믿을 수 없는 어떤 말(내가 알고 있는 사실과 다른 그런 말)을 남으로부터 들었더라도 그 말을 마음속에 담아두지 않습니다. 그저 스쳐 가는 바람일 뿐입니다.

마음속에 조금이나마 남아있을까 치더라도 '그럴만한 사정이 있었겠지' 하고 스스로 마음에서 지워 버립니다.
또한, 어쩌다가 그로부터 직접 그런 말을 들었더라도 '아마 실수로 한 말이겠지' 하고 넘겨 버립니다.
좀 더 버리기가 마음에 걸리면 직접 상대방에게 그 사실을 확인하고 마무리합니다.

그러나 그에 대하여 친한 마음이 점점 줄어들면 그렇지를 않습니다.
지나다가 들은 말도, 소문으로만 들리는 말도 모두 모두 쌓아 놓습니다. 그리고 곱씹어 봅니다.
처음에는 그게 아닐 거야 하다가도 어느샌가 '그 사람 많이 변했구먼' 하게 됩니다.

좀 심해지면 아예 있지도 않은 일을 머릿속에 그려 보면서, 그를 내 마음에서 아예 지워 버리기도 합니다.

특정 부류, 특정 계층의 사람들은 자기 쪽에서 오해의 여지를 만들어 내고 이를 이용하기도 한다지만 우리와 같은 대부분의 선량한 사람들은 오해 때문에 가슴앓이를 하는 경우가 많습니다.
오해를 받는 쪽에서는 이보다 더 억울할 데가 없겠지만, 오해를 하는 쪽에서도 마음이 편치만은 않습니다. 언젠가 계기가 되어 오해였음을 알게 되면 참으로 난감한 일이 아닐 수 없습니다.

물론 세월이 흐르면서 사람의 인성이 변해갈 수가 있습니다.
그것은 당연한 일이며, 변해가는 모습 속에서 그를 바로 알아가는 과정을 겪게 됩니다.
내가 말하는 오해는 그런 것이 아니며, 사실과 다른 꺼림칙한 현상을 마음속에 오랫동안 담아 두는 것을 말합니다.

오해하지 맙시다.
이해하려고 노력합시다.
친한 마음을 가슴속에 간직합시다.
오해를 담아두면 끝이 좋지 않기 때문입니다.

2008년 6월

오늘은 좋은날 입니다

오늘은 좋은 날입니다.
아침에 아들한테서 전화가 왔습니다. 대학교 등록금이 얼마이며 언제까지 내어야 한다는 내용입니다. 알았다고, 늦지 않게 내주겠다고 말해 줍니다.

아들이 드릴 말씀이 있다고 말합니다.
무슨 말이냐는 나의 물음에

'등록금 걱정하지 않고 제가 하고 싶은 공부만 할 수 있게 해 주어서 부모님께 참으로 고맙다'고 아들이 조심스럽게 말해 줍니다.
이 녀석이 철이 많이 들었구나 생각하며 내가 학교 다닐 때의 모습을 그려봅니다.

장학금에, 아르바이트에 참으로 부지런히 살면서도 등록금 걱정을 하지 않은 적이 없었으며 그러고도 부족하면 교수님께 돈까지 빌려서 등록하던 옛날 생각이 떠오릅니다.

아들 녀석에게 등록금 걱정을 하지 않게 해 줄 수 있어서 좋았고
아들 녀석이 그러한 감정을 표현해 주어서 좋았습니다.

 오늘은 참으로 좋은 날입니다.

2011년 2월

마이클 펠프스와 장미란의
노력과 재능

베이징 올림픽에서 수영 부문 8관왕에 오른 마이클 펠프스의 식사량에 대한 기사를 보았습니다. 열량으로 환산하면 1만2000kcal의 양이며, 보통 성인의 4~6배에 해당하는 양이랍니다.

호기심 많은 헨리라는 기자가 이 식단에 도전한 모양인데 점심을 먹다가 포기한 모양입니다.

펠프스가 아무리 거구라 하나 우리가 화면상으로 본 그의 몸은 비만하고는 거리가 멉니다. 또한, 엄청난 거구도 아닙니다.
결국, 펠프스는 엄청난 양의 열량을 강도 있는 훈련으로 활용하여 올림픽 8관왕과 올림픽 최다 금메달의 주인공(14개)이 될 수 있었다는 얘기가 됩니다.

우리나라의 장미란도 예외는 아닐 것입니다.
경기장면으로 본 장미란 선수의 몸은 군더더기가 없습니다.

함께 경기한 다른 선수들과는 몸부터가 다릅니다.
많이 먹어야 힘이 나오는 역도에서 먹기는 많이 먹되 남는 에너지를 온전히 훈련으로 소비했을 것입니다.
함께 경기한 선수 중에서 작은, 그러나 다부진 몸집의 장미란 선수가 세계 신기록으로 우승하는 장면은 너무나 감동적입니다.

운동선수들을 보면 노력의 성과를 쉽게 확인할 수 있어서 좋습니다. 이러한 노력은 재능이 뒷받침될 때 그만큼 더 큰 성과를 얻을 수 있을 것입니다.
펠프스가 수영에 입문하고 그의 재능을 발굴하게 되는 과정도 기사에서 보았습니다.
올림픽과 같이 큰 경기가 있을 때는 훌륭한 성적을 거둔 많은 선수가 자기의 주 종목에 입문하게 된 계기와 그의 재능을 발견해나가는 과정이 연일 매스컴에 오르내립니다.
장미란 선수가 '나의 재능을 미리 알고 일찍부터 길을 정해주신 부모님께 감사한다.'는 말에는 결국 엄청난 노력으로 보답한 딸에게 '너의 그 엄청난 노력의 결실에 정말로 고맙구나.'라는 말로 축하할 일입니다.

재능과 노력의 바른 결합은 예상 이상의 엄청난 결과를 가져올 수 있습니다.

2008년 8월

보물

어느 기자가 김연아 선수를 두고
'우리 곁 어디에 저런 보물이 있었던 걸까?' 라고 표현한 것을 보았습니다.
피겨스케이팅은 우리하고는 무관한 것으로 알았고, 우리 체형에는
맞지 않는 것으로 알았는데…….

정말 보물입니다.
김연아 선수는 보물입니다.
아주 예쁜 보물입니다.

이 부문 역대 최고의 점수라니
참으로 훌륭한 보물입니다.

수영의 박태환도 보물입니다.
야구의 박찬호도 보물입니다.
골프의 박세리도 보물입니다.
김미현, 이승엽, 박지성도 보물입니다.

그 외에도…….

그리고
사소한 항아리라도 1000년이 되면 보물이 된다는데
앞집 아저씨, 뒷집 새댁도 보물입니다.
이 글을 쓰고 있는 나 자신도 보물입니다.

천상천하유아독존天上天下唯我獨尊 입니다.
자신이 보물임을 알아차리면 자신을 더욱 갈고 닦아서 빛이 나게 할 것이며, 꾸준히 갈고 닦은 자신이 빛을 내니 이를 보는 남들이 그를 귀히 여겨 보물로 여기게 됩니다.
자신이 보물임을 자각하지 못하면 남이 나를 귀히 여기지 않는다 하여 서운해할 일이 아니고, 자신이 보물이라 아무리 말하여도 자신을 갈고닦지 않고 자꾸만 허물을 뒤집어쓰면 남이 보기를 우습게 여길 것입니다.

따라서 우선은 자신이 보물임을 알아차리는 것이 중요하고, 다음으로는 먼지 하나라도 털어내고 꾸준히 갈고 닦아서 보물인 자신을 더욱 빛내는 것이 또한 중요합니다.

2007년 11월

우리 할머니

언제나와 같이 올 봄도
세상천지에는 온갖 꽃들이 자태를 뽐내고 있습니다.

길옆에 개나리
그리고 벚꽃이 활짝 피고
풀섶에 민들레가 노랗습니다.
산에 오르면
-수줍어 수줍어 다 못 타는 연분홍이……의 그
진달래가 한창입니다.
그리고 이름을 헤아리기조차 힘든
많은 풀이 제각기 꽃을 피워 자태를 뽐냅니다.

이맘때가 되어 할머니 제사를 지내고 나면
그때마다 생전의 할머니 말씀이 생각납니다.

봄이 되어 꽃이 피기 시작하면
할머니는 늘 아무것도 모르는 어린 손자에게
'꽃 피는 춘삼월에 죽었으면 좋겠다'고 하셨고
그때마다 어린 나는
'할머니가 왜 죽어?'하고 동문서답을 하곤 했지요.

그리곤 학교로, 군대로, 직장생활 등으로
할머니와 한동안 떨어져 살다가
할머니가 돌아가셨다는 연락을 받고 차를 타고 급히 내려갈 때
차창 밖으로 비치는 온갖 꽃들을 보면서
'아, 할머니가 그렇게 돌아가시고 싶다던 꽃피는 춘삼월'임을
알아차리게 되었습니다.

그리고 그 후로는
봄이 되고
꽃이 피고
제사를 지낼 때면 언제나
나는 그때의 어릴 적 조손祖孫의 모습을 그리게 됩니다.

이제는 나도 나이가 들면서 '사람이 무엇인가를 간절히 바라면 결국 그 바라는 것을 얻을 수 있는가 보다'는 생각과, 아무것도 모르는 어린 손자에게까지도 말씀하실 만큼 '할머니는 왜 그토록 꽃피는 춘삼월에 돌아가시기를 원하셨을까?'에 대한 답을 하나하나 느낄 수 있

을 것만 같습니다.
이승에서 못해보신 많은 일을 저승에서 맘껏 피워보고 싶으셨던 거지요?

할머니!
여러 가지로 부족한 살림 꾸려가시느라
피우지 못하고 응어리로만 만들어
가슴 속 깊이 묻어두셔야만 했던 그 열정을
할머님께서 벗하고자 했던 온갖 꽃들과 함께
활짝 피우시기 바랍니다.
당신의 허전함이 그토록 크셨음에도
손자들에겐 내색조차 하지 않으시면서
모두 다 반듯하게 키워주신
우리 할머니.
정말로 감사합니다.
편히 잠드세요.

2008년 4월

사람은 먹기 위해 살아가는 유일한 존재?

흔히 말들을 합니다. 인간은 먹기 위해서 사는가 아니면 살기 위해서 먹는가를. 누구도 선뜻 답하기 어려운 이 문제를 내가 잠시 생각해 봅니다.

답은 '인간은 먹기 위해서 사는 유일한 생명체' 입니다.
그러니 '인간도 살기 위해서 먹는 존재' 이기를 바라는 황당한 마음으로 이 글을 씁니다.

이 세상 모든 생명체는 모두가 한결같이 살기 위해서 먹습니다.
먹지 않으면 생명을 부지할 수가 없고 곧 죽게 됩니다. 따라서 죽지 않으려면 먹어야 합니다.
그런 면에서는 인간이라고 다를 바 없습니다.
인간도 먹지 않으면 죽는 것이며 살기 위해서 먹어야 하는 존재임엔 모두가 같습니다.

그러나 자세히 들여다보면 '먹는다'는 단순한 현상에서 큰 차이가 있습니다.

인간을 제외한 모든 생명체의 '먹는다'는 현상과 인간의 '먹는다'는 현상에는 어떤 차이가 있을까요 ?
그것은 '가공하여 먹는다'입니다.
인간을 제외한 어떤 생명체도 가공하여 먹지 않습니다. 가축들은 가공된 먹이를 먹고 있지만, 그것은 인간이 인간의 필요 때문에 가공하여 먹이는 것이지 그들 스스로 가공하여 먹는 것이 아닙니다.
인간만이 음식을 가공하여 먹습니다.
그냥 먹어도 살 수 있는데 이처럼 '가공하여 먹는다'는 말에는 '먹기 위해서'라는 속뜻이 숨어 있습니다.

그렇다면 인간은 왜 가공하여 먹는가 ?

그것은 '맛'을 탐하기 때문이며, 각자의 입맛에 맞추어 먹을 줄 알기 때문입니다.
먹을거리를 제 입맛에 맞추어 가공하여 먹는 것은 인간밖에 없습니다. 일반 생명체는 먹이 사슬에서 쉽게 구할 수 있느냐 없느냐의 문제만 있을 뿐 자연 그대로 먹으며, 그 종류별로 먹고사는 것이 거의 비슷하지만 인간은 그렇지가 않습니다.

크게는 동서양이 다르고, 나라마다 다르고, 작게는 충청도 전라도 경상도가 다르고, 더 작게는 집안마다 그 종류와 손맛이 다릅니다.
똑같은 재료를 가지고도 만들어내는 음식이 제각각입니다.
즉 내가 먹고 싶은 음식을 내가 만들어 먹는다는 것입니다.

내가 만들 수가 없으면 먹고 싶은 음식을 찾아 나서기도 합니다. 심지어는 나라 안에서 음식 여행을 떠나기도 하고, 좀 더 여유가 있으면 세계로 음식여행을 떠나기도 합니다.
즉 식도락을 말하는 것입니다.

인간도 먹지 않으면 죽는 생명체이니 '살기 위해 먹는다'는 큰 본질을 벗어날 수는 없습니다.
그러나 인간은 자기 입맛에 맞는 음식을 직접 만들어 먹기도 하고, 먹고 싶은 음식을 찾아 나서는 수고로움도 마다하지 않는 '먹기 위해 사는 노력'도 할 줄 아는 동물입니다.

그저 배고프면 쌀도 먹고, 팥도 먹고, 굼벵이도 먹고, 날생선 날고기 무엇이든지 쉽게 먹을 수 있는 사람은 살기 위해 먹는 사람일 수 있습니다. 원시인의 삶과 2차 대전 당시 일본군의 패잔병이 되어 무인도에서 홀로 살아남은 삶이 그럴 수 있습니다. 그러나 '무슨 맛으로 그렇게 먹어' 혹은 '나는 그렇게 먹고는 못살아' 등의 말을 하는 사람은 단순히 '살기 위해서 먹는다'라고만 볼 수 없습니다.

원시인의 단계를 지나서 점점 문명화 하면 할수록 '인간도 살기 위해서 먹는 동물'의 정도를 벗어나서 '먹기 위해서 사는 유일한 동물' 쪽으로 그 정도를 점점 심화시켜 왔습니다. 헤아릴 수 없이 많은 요리의 종류가 생겼고 그를 뒷받침하는 요리 산업의 발전이 있었으며 앞으로도 비약적인 발전을 하게 될 것입니다.

'먹기 위해 사는 존재'의 의미가 강화될수록 그만큼 낭비되는 것이 많아지고 세상(우리의 터전인 지구)은 헐벗고 황폐해질 것입니다.
'가공한다'는 것 때문에 직·간접적으로 낭비되는 것이 너무나 많습니다.

2007년 한 해 동안 생수용 페트병이 8.2억 병 사용되었고 이 페트병을 만드는데 사용된 원유가 27만 배럴이라 하니 다른 것들은 미루어 짐작할 수 있습니다.
언젠가 온전히 '인간이 먹기 위해서 사는 존재'가 되는 날 이 지구는 완전히 빈 껍데기가 되지 않을까 걱정도 됩니다.
그런 의미에서 지금쯤엔 '인간은 먹기 위해서 사는 유일한 생명체다'고 말해도 될 것 같습니다.

점점 시들어 가는 지구를 살리는 일은 여러 가지가 있을 수 있겠지만, 나의 처방은 조금은 어렵고도 황당합니다.
지구를 살리는 일은 인간도 온전히 '살기 위해서 먹는 동물이어야 한다.' 입니다.

가공한다는 과정에 너무나 많은 낭비가 있습니다.
맛을 탐닉하지 않아야 하고, 맛을 잃어야 하고, 맛을 찾아 나서지 말아야 합니다.

당장 나부터도 완전히 그럴 자신이 없긴 하지만, 인간도 자연 그대로 먹고 살아갈 수만 있다면 반드시 지구는 되살아날 것만 같습니다. 그렇게 되면 '사는 맛이 없다'고 하겠지만 결국 그 '사는 맛'이란 것이 '먹기 위해 사는'을 대변하는 말이 됩니다.

나는 오래전부터 살아가는 방식이 있습니다.
밖에 나가서는 어쩔 수 없는 일이라 해도 집안에서는 되도록 가공의 과정을 단순화하고, 음식의 종류를 최소화하는 것입니다. 또한, 그 양도 남들 기준으로 하면 많이 적은 양입니다.
애초에 지구를 살리겠다는 거창한 의도가 있었던 것은 아니지만 천성적으로 나에게 맞는 방법으로 살다 보니까 그리되었습니다.
우연한 일이 지구의 부담을 눈곱만큼이라도 덜어주고 있는 것 같아 괜히 기분이 좋습니다.

식습관을 단순화하라. 그리하면 지구가 조금 더 견딜 수 있을 것이니.

2009년 1월

믿음은 중요한 것

사람의 마음은 속에 숨어 있는 것입니다. 그래서 속마음이라 합니다. 독심술의 경지가 아니고서는 가만히 누워서 눈을 감고 꼼짝도 하지 않는 사람의 속마음을 알아내는 방법이 없습니다.

말과 행동은 이러한 속마음을 피워내는 수단입니다.
글도 있다 하겠으나 이는 말과 행동의 혼합된 형태일 뿐입니다.
마음이 입을 통해 나오면 말이 되고, 마음이 온몸으로 피어나오면 행동이 됩니다.

뿌리가 같은 하나의 속마음이라 할지라도 이를 피워내는 길이 다르다 보니 문제가 생깁니다.

어떤 사람은 마음과 말과 행동이 제각각 다르기도 하고, 어떤 사람은 마음과 말은 같은 데 행동이 다르기도 하고, 어떤 사람은 마음과 행동은 같은 데 말이 다르기도 합니다.

'마음'과 '말'과 '행동'을 각각의 주체로 보면 제각각 제 잘난 맛에 살려고 하니 그런 일이 생기게 됩니다.
이를 제멋대로 놔 버리면 언행이 다르게 되고, 적당히 통제하면 언행이 같은 모습으로 살아갈 수가 있습니다.

믿음은 '신信'입니다. (오행으로는 토土입니다)
신信은 가운데에 위치하며 상하, 전후좌우를 규제하고 조절하며 원만하게 해결해주는 재주가 있습니다.
서울에는 보신각普信閣이 있습니다.
동서남북에는 각각 4대문과 4소문이 있고 가운데에 보신각이 있습니다.
이렇게 위치시켜 놓은 것은 동서남북 사방으로 믿음의 종소리를 전하려는 의도가 있습니다.

곧 사방에서 일어나는 갖가지 일들을 가운데에서 적당히 조절하여 원만한 사회를 이루고자 함에 그 뜻이 있습니다.

우리는 언행이 같은 사람을 믿음이 가는 사람이라고 말합니다.
사실은 마음과 말과 행동이 같은 것이어야 하지만, 그래도 말과 행동이 같으면 마음도 같은 것으로 인정해 줍니다.
언행이 일치하지 않으면 믿음이 사라지게 되고, 믿음이 깨진 다음에는 잘못되고 엉클어진 것을 조절해주는 기능을 잃게 됩니다.
조절해주는 기운이 없으니 한 번 잘못된 것은 회복할 수 없습니다.
신信은 좋고 나쁜 것이 한곳으로 치우치는 것을 적당히 조절해주는 것이니 우선은 엎어지지 않게 하고, 한 번 엎어진 것은 바로 일어서게 하는 기운입니다.

그러니 신信(믿음)이 깨지면 되는 일이 없습니다.
한번 믿음을 잃고 그 믿음을 다시 찾는 데는 너무나 많은 대가가 필요합니다.
시간도 그만큼 오래 걸립니다.
믿음은 이만큼 중요합니다.
특히 세상이 힘들어질수록 믿음은 그 빛을 크게 발합니다.

믿음이 없기 때문에 엎어져서 회복할 수 없는 것은 믿음을 얻어 회복하는 길밖에 달리 방법이 없습니다.
믿음은 상대가 갖는 것이지만 그것을 갖게 하는 것은 내 쪽입니다.
그런데 믿음이 이토록 중요하다고 해서 그 믿음을 가꾸는 일이 그렇게 힘든 것도 아닙니다.
마음과 말과 행동을 일치시키는 지극히 단순한 것만으로도 믿음의 싹은 너무나 훌륭하게 잘도 자랍니다.

올해는 나부터도 마음과 말과 행동을 좀 더 일치시켜서 믿음의 크기를 늘려야겠습니다.

지금까지 본의 아니게 믿음을 잃은 부분이 있었다면 그것들을 고치려는 노력도 해야겠습니다.

신信(믿음)에는 주변의 험난하고 어려운 일들을 자연스럽게 자기 정화의 과정으로 순화시키고 아무리 힘든 일도 원만하게 조절해주는 묘한 힘이 있기 때문입니다.

2009년 1월

교육자분들이여,
정신 좀 차리세요.

학업성취도평가에 문제가 생긴 모양입니다. 특정 지역에서 일부 자료를 고의로 빠뜨렸다는 둥 실수로 빠졌다는 둥 설왕설래합니다.

고의로 빠뜨렸다면 이유는 뻔하지요.
학력 부진에 대한 책임을 면하고 싶어서일 것입니다.
일부 언론에서는 학업성취도평가 자체가 처음부터 문제가 있었다고 보도하고 있습니다.

그러나 내 생각은 다릅니다.
잘못된 자료에 관여한 사람들이 문제입니다.
요즘 세상에 믿을 곳이(안심하고 맡길 곳이) 없다고는 하지만 그래도 나라의 교육기관만은 믿을 곳이어야 하지 않을까요?
백년대계를 책임지는 나라의 교육기관을 믿지 못하면 이 나라에 정말 믿을 곳은 한 군데도 없다는 말이 무섭게 느껴집니다.

교육은 무엇인가.
사전을 찾아보니 '가르치어 기름', '가르치어 지식을 줌'으로 되어 있습니다.
어느 것이나 가르치어 기름이 아니라 목적에 따라서 가르칠 것이 있고 그러지 말아야 할 것이 있다는 말입니다.
학교에서의 교육은 도둑질을 가르치는 것과 다릅니다.
이러한 일을 하는 교육자는 옳고 그름을 구별할 정도는 되어야 합니다.
그들의 언행이 고스란히 그의 제자들에게 전달되고 그를 전달받은 그 제자들이 우리의 미래를 책임지기 때문입니다.

일부러 수치 조작을 했다면 그들은 교육자도 아닙니다.
우리가 그들을 교육자라 할 수 없습니다.
그들에게 우리 자식들을 맡길 수 없습니다.
에라이······.
우리의 백년대계가 그들의 손에 달려있다면 참으로 큰일이 아닐 수 없습니다.

이에 놀란 교육 당국이 성취도 평가의 문제점을 보완한다고 합니다.
교차감독, 교차채점 등의 방법이 고려되는 것 같습니다.
그곳도 여전히 '믿을 수 없는 집단'으로 낙인되는 모양입니다.
어리석은 인간이 스스로 또 하나의 멍에를 쓰고 말겠지요.
그것도 '가르치어 기름'을 맡았다는 사람들이 말입니다.

내가 제시하는 해결법은 이렇습니다.

얼마간의 아픔이 있더라도 이를 철저히 조사하여 자료조작에 관여한 사람들을 영원히 교육계에서 떠나도록 하는 것입니다. 그리고 다른 것은 몰라도 감독, 채점, 자료입력만은 종전과 같은 방식으로 유지하여 스스로 믿음을 회복하는 것입니다.

믿을 수 없는 집단으로 언제까지나 낙인되려 하나요?

결자해지입니다. 교육계 스스로 자정하고 신뢰를 회복하는 것이 중요하며, 소탐대실의 우가 되어서는 아니 될 것입니다.

교육자분들이여, 정신들 차리세요.

2009년 2월

깨는 일은
두려운 일이
아니다

희망이란 말은 틀을 깨고 나온다
(틀을 깬다)는 말일 수 있습니다.
꿈을 갖는다, 희망을 품는다는 것은 지금 이 순간을 어느 정도는 부정한다는 것입니다.

이 순간에 안주하지 않는다는 것입니다.
만족하여 주저앉는 것이 아니고 부족하여 찾아 나섬입니다.
지금 이 자리에서 박차고 일어나서 기존의 질서 밖으로 빛을 찾아 물을 찾아 앞으로 나아감입니다.

하나를 들여서 하나 이상을 얻으면 더욱 좋겠습니다.

지금 이 자리는 이미 형성된 질서의 틀입니다.
종교도 윤리도 법도 모두가 틀입니다.
대부분이 이렇게 해라, 이렇게 하지 말아라 이기 때문입니다.
따라서 희망을 품는다는 것은 이러한 틀을 벗어나고자 하는 마음을 가진다는 것입니다.
희망의 대상은 나를 감싸고 억압하고 있는 틀 밖에 있기가 쉽습니다.
그러나 틀을 깨고 벗어난다는 것이 쉬운 일도 아니고, 벗어났다고 해도 또다시 새로운 법과 윤리와 종교라는 틀의 지배를 받게 됩니다.
인간은 사회적 동물이며 인간이 추구하는 가치라는 것을 벗어날 수 없습니다.

나뿐만이 아니고 너와의 관계가 있고, 모두 함께 잘 살아야 하는 가치가 있습니다.
나와 이웃을 함께한다는 가치가 쉼 없이 새로운 틀을 만들어 냅니다.

희망은 이처럼 기존의 틀을 벗어나서 새로운 틀 속에 갇히고를 반복하는 것입니다.
아니면 틀을 깨고 날고 들고를 반복하게 됩니다.
이것이 사회적 진화입니다.

희망은 창조입니다.
희망은 알을 깨고 새로운 세상으로 나아가고자 함입니다.
결국, 희망을 품고 이를 이루는 것은 틀을 깨 보려는 마음이 생겨서 실제로 그 틀을 깨 나아가는 과정의 연속입니다.
희망은 완성이 아니고 과정일 뿐입니다.
희망의 씨앗은 틀을 깨려는 원동력입니다.
틀을 깨는 것을 두려워함은 더 희망이 없다는 것입니다.

모두 떠나자.

희망의 나라로……

2009년 6월

사랑타령

사랑은 나를 풀어서 너에게 베푸는 것입니다. 내가 하는 것이지 너에게 요구하는 것이 아닙니다. 사랑의 주체는 나이고 그 대상은 상대입니다.

'우리 사랑 변치 말자'는 말은
'내가 너를 향한 마음을 변치 않을 테니
너도 나에 대한 사랑을 변치 말아다오'인 것입니다.
즉 나에 대한 다짐이요 너에 대한 바람인 것입니다.
'우리 사랑 변치 않기를' 했다든지
'우리 사랑은 영원해'를 한 번이라도 했다면
이미 나는 나의 다짐을 한 상태가 됩니다.
나의 다짐 없이 남에게 요구할 수 없기 때문입니다.

따라서 후에 사랑하는 사람이 나에 대한 사랑이 식어서 떠나가더라도 내가 그에 대한 사랑이 여전해야 그것이 변함없는 사랑입니다.
그는 떠났어도 나는 내가 마음으로 한 약속을 지켜야 하기 때문입니다.

이런 이유로 '나는 지금 너를 사랑한다'는 말은 쉽게 할 수 있는 좋은 말입니다.

그러나 '나는 너를 영원히 사랑한다'는 말은 쉽게 해서는 안 될 참으로 힘든 말입니다.

요즘 젊은이들은 무슨 말인지도 모르고 말들을 쉽게 합니다.
그냥 '사랑한다' 하면 될 말을 '영원히 사랑한다'하고 말해 버립니다.
제 머릿속으로 사랑'이 무엇인지 영원히'가 무엇을 뜻하는지 정리가 되지도 않은 상태에서 말입니다.

그러나 그 뜻을 정확히 알고 나서
'영원히 사랑한다' 했다면 이보다 더 좋은 말이 세상에는 없을 것입니다.
물론 한없는 책임이 따르지만…….

2009년 7월

널리 사랑이
깊이 사랑보다
한수 위

사랑한다는 말은 참으로 좋은 말입니다. 사랑한다는 말 한마디로 그렇게도 차갑게 얼어붙었던 주변 분위기가 봄눈 녹듯이 녹아 버릴 수도 있음을 흔히 보곤 합니다.
사랑은 화합과 평화의 전령이기 때문입니다.

그런데 그 사랑 중에 으뜸이 무엇일까요?
그것은 널리 사랑함입니다.
널리 사랑한다는 것은 그 대상을 넓게 한다는 것입니다.
원수를 사랑하라는 말은 원수까지도 사랑하라는 말입니다.
원수까지도 사랑한다면 이 세상에 사랑 못 할 대상이 없겠지요.
모두가 박애를 말함입니다.
깊게 사랑하는 것보다 넓게 사랑하는 것이 한 수 위인 것입니다.

우리는 살아가면서 본의 아니게 사랑할 대상과 사랑하지 않을 대상을 구별하곤 합니다.
사랑하지 않을 대상을 많이 가지면 가질수록 사랑할 대상이 그만큼 적어지니 널리 사랑하는 것하고는 거리가 멀어집니다.
사랑할 대상이 점점 적어지면 이것이 편애가 됩니다.
편애가 되면 자기가 사랑하는 대상에 대하여는 더욱 깊게 사랑하게 되고, 사랑하지 않는 대상에 대하여는 마음속으로 거부하는 감정을 갖게 되기가 쉽습니다.

마음속으로 거부하던 것이 자칫 미워하는 감정으로 변하기도 합니다.
사랑하지 않는다는 사실 만으로 족한데도 마음으로 거부하고 미워하게 되니 널리 사랑하는 것하고는 거리가 점점 멀어지게 됩니다.
한쪽으로 깊이 사랑하면 할수록 그 반대쪽으로는 그만큼 미워하는 감정을 키우기가 쉽습니다.

편애는 진정한 의미의 사랑이 아닙니다.
편애는 갈등을 낳고 갈등은 점점 더 깊은 편애를 낳기 때문입니다.

사랑은 원수까지도 사랑할 수 있는 박애의 사랑이 으뜸이며, 사랑하지 않을 대상과 사랑할 대상을 구별하고 사랑하지 않을 대상에 대하여는 마음으로까지 거부하는 편애의 사랑은 그렇게 좋은 사랑이라고 말할 수 없습니다.

마음으로 거부하면 좋은 점 보다는 나쁜 점이 더 많이 보이기 때문입니다.
박애의 사랑은 점점 넓게 퍼져서 세상을 하나로 만들 수 있으나 편애의 사랑은 점점 좁게 줄고 작게 나누어져서 세상을 갈기갈기 찢어버리고 맙니다.

널리 사랑을 실천하기 어려운 곳이 정치집단이 아닌가 생각해 봅니다. 우리네 소시민 중에도 정치 얘기만 나오면 핏대를 올리며 말하고, 정치 얘기를 하다가 사람까지 죽이는 일이 가끔가다 생기는 것을 보면 정치는 널리 사랑과는 융합이 쉽지 않은가 봅니다.
게다가 소인배들이 모여 있는 집단이라면 더 말할 것 없겠지요.

널리 사랑한다는 것이 그렇게 어려운 일도 아닙니다.
널리 사랑의 시작은 마음속에 미워하는 대상을 하나씩 하나씩 지워 나가는 일입니다.
어느 한 대상을 깊이 있게 사랑해 주는 것도 중요하지만 마음속에 미워하는 이를 갖지 않는 것이 더욱 중요합니다.

마음속에 미워하는 이를 하나씩 하나씩 줄여가고 있다면 당신은 이미 널리 사랑의 길에 들어와 있는 사람입니다.

2009년 9월

부모가 자식에게 바라는 것은

부모가 자식에게 가장 바라는 것은 건강입니다.

산다는 것은
종족을 이어간다는 말입니다.
종족을 잇지 못하면 생명체가 존재하지 않기 때문입니다.
높은 산 바위틈에 힘들게 자라는 소나무가 훨씬 더 솔방울이 많이 달리는 것과 건강하지 못하고 비실거리는 새끼는 처음부터 포기해 버리는 맹수들의 생활방식은 이러한 방법이 종족을 쉼 없이 이어가는 데 가장 최선이기 때문인데 사람도 이와 같아서 산다는 의미는 부귀영달이 아니고 신체 건강하여 자손 번창에 있는 것입니다.

부모에게 물려받은 몸뚱어리 온전하게 보존함이 효도의 시작이고 온전히 자라서 사회의 구성원이 되어 제 몫을 해내는 것이 효도의 마지막이라 했는데 이 말도 결국 뒤집어 보면 부모는 언제라도 자식의 건강만을 염려하고 있다는 말이 됩니다.

부모의 머릿속에는 자나 깨나 자식의 건강이지 부귀영달이 아닙니다. 건강 연후에 여력이 있으면 부귀영달로 아름다운 색을 칠해주면 더욱 아름다운 그림이 완성될 뿐입니다.

요즘에는 건강한 사람도 결혼하지 않고 결혼한 사람도 자식을 갖지 않는 일이 흔합니다.
위에 적은 논리로 보면 이는 순리에 어긋나는 짓입니다.
수많은 생명체 중에서 인간만이 이 짓을 하고 있습니다.
부모가 자식의 건강을 바라는 것은 자식이 또 다른 건강한 그 자식(손자)을 낳아주기를 바라는 마음이 속 깊은 본심인데, 인간은 자기 편리함을 좇아 생명의 순리마저 혼란에 빠지게 하고 있습니다.

우리는 지금 출생률 저하가 심각합니다.
얼마 후에는 인구가 점점 줄어든다고 난리입니다.
자식 키우며 살기가 그만큼 힘든 세상이라는 얘기인데, 환경이 어려우니 어려운 환경에 적응하여 자식을 덜 낳겠다는 얘기인데, 이쯤해서는 본심이고 뭐고 따질 겨를도 없이 부모가 자식의 건강을 바라는 마음도 '너 사는 동안만이라도 건강하게 살아다오' 이어야 할 것 같습니다.

이랬거나 저랬거나 부모가 자식에게 바라는 것은 자식의 건강이 으뜸입니다.

여북하면 유우기질唯憂其疾이라 부모는 그 자식의 건강만을 자나 깨나 걱정한다는 말을 일찍이 공자도 말씀하셨을까요.
나는 어머니 살아계실 때 이미 몸에 병이 들어 병든 모습을 보여 드렸으니 천하에 불효도 이만저만이 아닙니다. 괜히 눈물이 나네요.

2009년 10월

베풂을
자각하지 말라

오른손이 하는 일을 왼손이 모르게 하라. 참으로 뜻이 깊은 말입니다. 그런데 나는 이렇게 고쳐 봅니다. 베푼다는 것 자체를 나 자신도 모르게 하라.

내가 나 스스로 베푼다는 것을 알아차리고 마음에 담고 있으면 그것은 이미 베풂이 아닙니다.
여기서 말하는 '나 자신도 모르게 한다는 것'은 베푸는 자의 마음가짐이며 이를 널리 알려서 사회적 순기능을 높이는 일과는 무관한 얘기입니다.

베푸니까 내 마음이 편하더라.
베푸니까 남이 나를 알아주더라.
나는 이렇게 베풀었는데 그는 오히려 나에게 이렇게 대하더라.
남에게 베풀 필요가 없더라.
등등…….
이 모든 것이 내 마음속에서 베풂을 자각하기 때문에 생기는 일들입니다.

베풂은 거저 주는 것입니다.
행위 자체로 끝입니다.
베풂은 선을 추구하는 인간의 마음 다스림입니다.
할 수 있으면 하고, 할 수 없으면 하지 않는 것입니다.
베풂이 없는 것이 흉이 될 수 없고, 베풂이 있는 것이 자랑이 될 수도 없습니다.
베풀 수 있어서 베풀었으면 곧바로 그 베풂 자체를 잊어야 합니다.
가족, 친척, 친구, 이웃, 간에 모든 베풂이 이와 같습니다.

베푸는 마음은 사회를 살찌우는 것
그러나 그 베푼 흔적을 껴안고 있으면 사회가 힘들어질 수도 있음이라.

베풂을 자각하지 말아야겠습니다.

2010년 1월

고달픔이란 것

우리는 흔히 고진감래苦盡甘來라는 말을 자주 씁니다. 고생 끝에 낙이 있다고도 합니다. 그러나 이 말은 앞으로의 '낙'을 얻기 위해 지금의 고달픔을 참고 견디라는 말이 아닙니다.

'꿈과 희망'은 머리에 있고 '지금 이 순간'은 발에 있습니다.
머리가 앞을 보고 숙이니 넘어지지 않으려면 발이 앞으로 나아갈 수밖에 없습니다.
'꿈과 희망'을 크게 가지면 그만큼 머리가 무거워지고 앞으로 더욱 숙이게 됩니다.
따라서 넘어지지 않으려면 그만큼 빨리 발을 앞으로 움직여야 합니다. 즉 발이 고달파집니다.
견딜 수 있으면 좋으련만 그 정도가 지나치면 고통이 커집니다.
'꿈과 희망'이 크면 클수록 지금 겪어야 하는 고달픔은 그만큼 커지게 됩니다.
'꿈과 희망'의 결실은 '낙樂'입니다.

이 '낙'은 한번 얻어서 끝나는 것이 아닙니다.
어느 순간에 '꿈과 희망'의 결실인 '낙'을 얻었다 싶으면 또 다른 '꿈과 희망'이 저만큼 앞에서 나를 오라고 손짓합니다.
끝없는 항해의 연속입니다.
따라서 '낙'을 얻기 위해 하는 고달픔은 평생 고생으로 이어지기 쉽습니다.

'고진감래'나 '고생 끝에 낙이 있다'는 말은 지금 이 순간에 겪는 고달픔에 대해서 위로하는 말이지 '낙을 얻기 위해 고생 하라'는 말이 아닙니다.
'낙을 얻으려는 마음'이 주가 되면 고달픔의 수렁에서 쉽게 빠져나올 수 없습니다.
'낙을 얻기 위해 고생 하라' 해도 그 정도가 '견딜 수 있을 정도'이어야 합니다.
뜻은 이와 같으나 이 말이 위로의 말이 될 수 있음은 고생 없이 얻어지는 '낙'이 없기 때문입니다.
지금 고달픔 중에 있는 사람은 그만큼 '낙'을 얻을 확률이 높아지는 것이니 지금 겪는 고생을 고생으로 여길 일이 아닙니다.

지금 힘드시다고요?
곧 좋은 일이 있을 겁니다.

2010년 1월

여유로운 사람은
불안하지 않아

　　　　　　　　　　살면서 옆을 보면 남는 시간이 많은 것 같은데도 항시 바쁘다며 여유 없이 살아가는 사람이 있는가 하면, 참 남는 시간이 없을 것 같은데도 항상 여유롭게 이 일 저 일을 빈틈없이 처리하는 사람이 있습니다.

따라서 여유로움은 시간의 문제가 아닌 것 같습니다.

여유로움은 어디에서 올까요.
온전함에서 옵니다.
온전하면 자신감이 생기고 자신감이 생기면 여유로워집니다.
여유는 남이 주는 것이 아니고 내가 만드는 것입니다.
즉 나를 온전하게 하면 그 속에서 여유로움이 생깁니다.

초보가 빙판에 서면 걷기도 힘들지만 김연아는 빙판에서 춤도 추고 뛰어다니기도 하듯이 내가 온전하면 바로 여유로울 수 있게 됩니다. 자기를 연마함이 그윽하여 무게중심이 아래에 있으면 뒹굴어도 바로 서게 되니 넘어질까 염려하지 않게 되어 자연스레 여유로워지고, 꿈만 크고 연마함이 적으면 무게 중심이 위에 있으니 조금만 흔들려도 곧장 넘어지게 되어 조마조마한 마음에 여유를 찾을 수 없게 됩니다.
이토록 여유로움을 얻기 위해서는 지극한 연마가 필요합니다.

연마하는 사람은 부지런해야 합니다.
나태하거나 게을러선 연마할 수 없습니다.
연마는 지극해야 합니다.
중간에 멈춰서도 안 되고 가볍게 출랑대지도 않으며 깊고도 은근해야 합니다.
연마는 요란스럽지 않아야 합니다.
요란하면 불안하기 때문입니다.

우리는 살면서 게으름을 여유로움과 헷갈리는 경우가 많습니다.
게으른 사람이 '나는 여유를 즐길 줄 아는 사람'이라고 말하는 경우도 있습니다.
여유로움은 나의 그릇이 커져서 담을 수 있는 공간이 넓어지면 자연스레 얻어지는 평화로움입니다.
게으름은 무엇이든 하기 싫어하는 내 마음입니다.
게으른 사람은 자신의 그릇을 키우지 못하고 항상 초보일 수밖에 없으니 여유로움을 얻을 수 없습니다.
초보는 언제나 불안하듯이 게으른 사람도 항상 불안합니다.
게으른 사람은 불안해 보이지만 여유로운 사람은 그렇지 않습니다.

연마를 지극히 하여 여유로운 사람이 되어야겠습니다.

2010년 3월

곱씹고 싶은 말 한마디

나는 오늘 책 한 권을 읽었습니다. 김수환 추기경의 짧은 글들을 모은 책 '하늘나라에서 온 편지'입니다. 이런 글 저런 내용이 있지만 그중에서 나의 눈을 붙잡는 솔직하고 정감이 넘치는 부분이 있어 몇 자 적습니다. 과연 추기경인 분이 쉽게 할 수 있는 말일까? 생각하면서.

-누가 나에게 예수님을 뵌 적이 있느냐고 묻는다면 보았다거나 만났다고 말할 수 없습니다. 그러나 그분이 내 안에 계시다는 것을 부정할 수 없습니다. -

요즘에는 기도할 때마다 예수님을 만난다든가, 무슨 특별한 일이 생길 때마다 예수님을 만나서 계시를 받는다고 쉽게 말하는 사람들이 너무나 흔한 세상입니다.(부처님이든 무슨 신이든)
김수환 추기경은 굴곡의 세월 동안 누구보다도 고뇌했고 아픈 가슴으로 기도했던 한 종파의 최고의 위치에 있던 분입니다.
그런 분께서 '예수를 보지도 못하고 만나지도 못했다'고 말씀하십니다.

이 말을 듣고 '추기경이란 사람이 예수도 못 봤다고?'할 사람은 흔치 않을 것입니다.
추기경의 믿음이 예수를 보았다고 말하는 이들만 못해서 그렇다고 생각하는 이도 많지는 않을 것 같습니다.
'예수를 보고 계시를 받았다'는 말보다는 '예수를 보지도 못하고 만나지도 못했다'고 말하는 추기경의 말 한마디가 유난히 가슴에 와 닿습니다.
요한도 이미 말하고 있습니다.
'아직 하나님을 본 사람은 없습니다.'라고 첫째 편지 4장 12절에 적고 있네요.

추기경인 나도 아직 예수님을 보지도 못하고 만나지도 못하였지만 내 안에 예수님을 모시고 열심히 기도하며 살아가고는 있습니다.

솔직하기 때문에 더욱 강건하게 느껴지는 그런 말입니다. 추기경이 한 말이기 때문에 많은 이에게 용기가 될 수도 있는 그런 말입니다. 나만 그렇게 생각하는지는 모르겠지만 참으로 곱씹고 싶은 말씀입니다.

※ 참고 : 여기의 '추기경'이란 말 때문에 천주교라는 특정 종파를 생각하기 쉬우나 어느 종파가 되었든 '특정 종파의 아주 높은 위치' 정도로 이해하고 읽어 주시기 바랍니다. 천주교도인 김수환을 말한 것이 아니고 김수환이란 분의 위치를 말한 것이기 때문입니다.

2010년 3월

서운한 감정

우리는 살면서 '서운하다'는 말을 쓰는 경우가 많습니다. 서운하다는 것은 마음에 부족함이 있어 섭섭한 느낌이 있다는 것입니다.

따라서 나에게 그런 마음이 들게 한 상대방이 있기 마련입니다.
무엇이 부족하고 무엇이 섭섭한가요?
상대방과 나와의 관계에서 상대방이 한 일이 나의 기대에 부족하거나 섭섭하게 느껴졌다는 것입니다.

그런데 대부분의 서운한 감정의 원인은 내 쪽에서 제공한 경우가 많습니다.
상대방이 나에게 해 줄 수 있는 만큼 이상의 것을 기대한다든지 상대방에게 어떤 부탁을 했는데 들어주지 않아서 섭섭한 경우가 대부분입니다.
기대가 크면 채워지기 어렵고 내가 부탁했다고 상대가 모두 들어주는 것도 아닙니다.

여기서 '상대가 모두 들어주는 것도 아니다'는 말은 상대에게 그럴만한 사정이 있고 없고 하고는 무관한 얘기입니다.
애초에 기대함이 적었다든지 내 쪽에서 부탁하지 않았더라면 형성될 수 없는 너와 나와의 관계에서 상대가 한 것을 가지고 내 쪽에서 서운하다는 것은 문제가 있다는 얘기입니다.

예를 들자면 친구에게 돈 백만 원만 꾸어달라고 말했는데 그 친구가 꾸어주지를 않으면 그 친구에게 서운하다고 말합니다.
그 친구가 돈이 없어서 못 꾸어 주면 그런대로 이해하겠는데 돈이 있어도 안 꾸어 주는 것 같으면 서운하기 그지없습니다.
그러나 친구가 돈이 있어도 안 꾸어 준다고 서운해 할 일이 아닙니다.
오히려 내가 돈을 꾸어달라고 말해서 친구가 잠시나마 고민하게 만든 사실을 미안해해야 합니다.
내가 말을 하지 않았으면 애초에 없던 일이기 때문이니 '너 참 서운하다'는 말을 들어야 하는 친구의 입장에서는 적반하장이 아닐 수 없습니다.

인간은 사회적인 동물이니 항상 이 사람 저 사람과 부탁도 하며 상대를 맺으며 살게 됩니다.
상대에게 어떤 기대도 없고 어떤 부탁도 하지 않으면서 살 수는 없습니다.
나에게 이렇게 해 줬으면 좋겠다고 기대도 할 수 있고 돈도 꾸어 달라고 부탁할 수도 있습니다.

그러나 서운한 감정을 처리하는 방법이 서투른 경우가 많습니다.
상대 쪽보다는 내 쪽을 생각하는 마음이 크게 자리할수록 그만큼 상대에게 부족하고 섭섭한 마음이 들기 쉽습니다.
상대를 생각하고 이해하는 마음을 크게 가지면 가질수록 상대에게 서운한 감정은 그만큼 작아지는 것입니다.

시작은 내가 해 놓고 내 마음에 서운함을 먼저 키워서 멀쩡한 상대를 잃는 일이 없어야겠습니다.

2010년 4월

싹을 틔우는
마음으로

　　　　　　　　　　날이 풀리니 앙상한 쥐똥나무 끝에 파란 싹이 돋아나옵니다. 봄을 시새움 하는 눈보라가 모질게 다루어도 절대 시들지 않는 모습을 보면서 잠시 생각을 정리해 봅니다.

여름 내내 30도 20도이다가 15도가 되고 10도로 떨어지면 푸르던 나무는 낙엽이 되어 떨어지는데, 겨우내 영하15도 영하10도 이다가 0도가 되고 10도가 되면 나무는 저토록 파릇파릇 싹을 틔웁니다.
같은 10도이건만 그 보여주는 현상은 이토록 서로 다릅니다.
감싸고 비교되는 주변 환경이 이렇게 중요한 모양입니다.

애초에 먹고살 것이 하나도 없어 당장 굶어 죽을 정도가 아닌 상태에서는 가난한 사람의 집에서 웃음꽃이 피기도 하고, 억만장자의 집에서 자살 소동도 일어납니다.
모두가 주변 환경을 어떻게 이해하고 비교하고 받아들이느냐의 문제인 것입니다.

말을 타면 종 부리고 싶어진다는 말은
과한 욕심을 경계하라는 말일 수 있지만
우선은 말이라도 타게 되었음을 감사해야 하고
나를 계발하여 분발하는 계기로 삼아야지
종을 못 부리게 될까 봐 노심초사함이어서는 아니 될 일입니다.

희망의 대상은 높은 곳에 있을지 몰라도 비교의 대상은 낮은 곳에 있는 것이 좋습니다.
범사에 감사하고, 주변 환경과의 관계를 원만하게 조절하여 같은 10도의 온도이더라도 낙엽을 짓기보다는 싹을 틔우는 10도가 되어 스스로를 행복한 사람으로 여기면서 사는 지혜가 필요할 것 같습니다.

2010년 4월

보다 덜 갖는 무소유

법정 스님이 많은 이에게 생각 거리 하나를 남기고 가셨습니다. 법정 스님이 '무소유'란 책을 펴낸 지가 1976년이니 햇수로 34년째인데 스님이 입적하시자마자 대한민국 사람이면 모르는 사람이 없을 정도로 익숙한 단어가 되었습니다.
1993년 판 무소유란 책이 1백2십만 원에 경매로 팔릴 지경이라니 참으로 대단합니다.

과연 '무소유'란 무엇인가요?
스님이 말한 무소유란 불필요한 것과 그 이상을 갖지 않는 것이라 합니다.
그런데 필요는 발명의 어머니라는데 불필요한 것이 세상에 있을까요?
어떤 사람에게 불필요한 것은 무엇이며 그 정도는 어디까지를 말하는 것일까요?
이런 질문에 대해 나는 '상대적 무소유'를 말하고 싶습니다.
스님의 '무소유'는 '절대적 무소유'가 아니라 '상대적 무소유'입니다.

지금 내가 가지고 있는 것보다 하나라도 덜 채우려는 것, 덜 가져 보려는 무소유입니다.
그러기 위해서는 우선 분수를 알아야 합니다. 분수에 맞게 가져야 하기 때문입니다.
분수 이상의 것은 가지려 하지 말고 분수를 넘는 것은 덜어낼 수 있어야 합니다.
우리 같은 사람들은 처음엔 분수에 맞추는 것으로 시작하고 스님 정도 된 나중에는 분수도 필요 없게 되는 것입니다.
분수를 안다는 것이 그렇게 쉬운 일은 아니지만 하나씩 덜다 보면 곧 자기의 분수를 알게 됩니다.
'무소유'는 아무것도 갖지 말라든가 어떠어떠한 것을 갖지 말라는 말이 아닙니다.
'보다 더 가지려는 것'보다 '보다 덜 가지려는 것'이 우리의 삶을 훨씬 더 윤택하게 할 수 있다는 것을 말함입니다.
'보다 덜'의 쪽을 가리키는 등대의 방향으로 길을 정하고 '하나라도 보다 덜 가져 보려는 마음을 가지라'인 것입니다.
'보다 덜'의 지극한 곳에는 '무소유'라는 등대가 반짝이고 있는 것이지요.

나그네가 길을 가다가 두 갈래 길을 만납니다.
오른쪽은 분수 이상으로 채우고 가지려는(보다 더 가지려는) 사람들이 사는 세상으로 가는 길입니다.
여기서는 서로가 채우고 가지려 하여 서로 간에 다툼이 있고 갈등합니다.

채웠다 싶어서 옆을 보면 나보다 더 채운 사람을 보게 되니 부족함을 느끼고 또 채우려 합니다.
채운다는 말 속에는 영원히 채울 수 없다는 뜻이 있을 수 있습니다.

왼쪽은 분수에 맞게 가질 뿐이며 그것도 가능하면 덜 가지고 덜 채우려는(보다 덜 가지려는) 사람들이 사는 세상으로 가는 길입니다.
여기서는 살아가는데 필요한 최소한의 것을 제외하고는 서로가 있는 것도 덜어내며 살려고 하여 다투고 갈등할 일이 없습니다.
애초에 분수 이상으로는 채울 마음이 없으니 부족함을 느끼지도 않습니다.
다툼과 갈등이 없다는 사실만으로도 오른쪽보다는 왼쪽 길로 가는 세상이 훨씬 더 평화롭고 살기 좋을 것 같습니다.

스님께서 치료하신 몇 천만 원의 병원비 등을 가지고 이렇다저렇다 말하는 이들이 있는데 이는 '무소유'를 잘못 이해해서 하는 소리입니다.
'무소유'란 말은 아무나 쉽게 실천하기 힘든 말처럼 들리지만 그렇지도 않습니다.
'절대적 개념인 무소유'라는 등대의 방향으로 한 발짝이라도 가보라는 '상대적 개념의 무소유'를 이해한다면 누구나 쉽게 실천할 수 있는 말이 됩니다.
'입안에 말이 적고, 마음에 일이 적고, 뱃속에 밥이 적어야 한다.'는 스님의 말씀은 '보다 덜'의 상대적 무소유를 말함입니다.
'~없고'라고 하지 않고 '~적고'라고 한 것은 말하라고 뚫린 입이며,

일하라고 생긴 마음이며, 밥을 넣으라는 뱃속이니 서로 간에 필요하여 있어야 할 것들이지만 그 양을 '보다 적게 하라'인 것입니다.

아무것도 갖지 않는 것은 어렵습니다.
불필요한 것을 갖지 않고 필요 이상의 것을 갖지 않는다는 것도 헤아리기가 쉬운 일이 아닙니다.
'무소유'는 각자 자기 사정에 맞게 소유하되 그 크기는 '보다 덜' 가지려 함이므로 지금 당장이라도 하나쯤은 덜어낼 수 있을 것 같습니다. 이렇게 쉽게 시작하여 하나를 덜면 둘을 덜게 되고, 둘을 덜면 또 하나를 덜 수 있는 여유를 얻게 되어 덜려는 사람으로 꽉 찬 사회는 서로 가지려고 다투지 않는 풍요롭고 윤택한 사회가 될 것입니다.
쉽지만 쉽지 않은 그런 사회가 '무소유'라는 단어 하나에 달려 있으니 법정 스님은 뒤에 남은 많은 사람에게 큰 생각 거리 하나를 주고 간 셈입니다.

2010년 5월

선입견을 버려야

일체유심조一切唯心造라 하여 사람들은 모든 것이 마음먹기에 달렸다는 말을 곧잘 하며 살아갑니다.

구더기가 똥 파먹으면 똥 구더기, 된장 파먹으면 된장 구더기이니 된장 구더기는 더러울 것도 없고 사람이 먹지 못할 것도 없습니다. 일부러 된장에 구더기를 키울 것까지는 없겠지만 어쩌다 들어간 구더기 정도는 그 놈이 된장만 먹고 자란 놈이니 더러운 구석이 없을 것이기 때문입니다.

그렇다고 모습이 지극하게 혐오스러운 것도 아니고요.

나의 고조부께서는 된장 구더기 정도는 더럽다 여기지 않고 잡수셨다(물론 약이나 보신용이 아닌, 음식에서 어쩌다 나오는 경우에)는 말을 들은 적이 있는데 당시에는 참 해괴한 말로 들렸습니다.
지금 누가 나에게 된장 구더기를 갖다 준다면 아무렇지 않게 먹을 수 있다고 자신 있게 말할 수 없습니다.

더러운 똥 구더기가 생각나서 깨끗한 된장 구더기를 먹을 수 없습니다.
나이를 먹을수록 선입견으로부터 자유로워야 하는데 지금까지 본 것이 많으니 선입견만 쌓여가는 꼴입니다.
내 마음 관리가 이 정도이니 나의 고조부만 하려면 아직도 멀었습니다.

    언제쯤이나 선입견으로부터 자유로울 수 있을까?
    언제쯤이나 티 없이 맑은 눈을 가질 수 있으려나?
      언제쯤이 되어야 마음 관리가 자유로워질까…….

2010년 5월

침묵의 힘

　　　　　　　　　　침묵은 어떤 것을 보거나 듣고 나
서도 아무런 감정을 갖지 않는 것이 아닙니다.
보거나 듣고 나서도 느끼거나 감정이 일지 않아서 가만히 있는 것은
침묵이 아닙니다.
침묵은 일어난 마음속의 감정을 어떻게 다스리느냐의 문제입니다.

감정을 겉으로 나타내는 방법은 말과 행동이 있습니다.
마음속에 일어난 감정을 말이나 요란한 행동으로 나타내지 않는 것
이 침묵입니다.
그저 조용하게 묵묵히 쳐다보기만 하는 모습입니다.
침묵한다고 생각도 없고 감정도 없는 사람이라고 생각한다면 큰 잘
못입니다.

침묵은 때에 따라서는 겉으로 표현하는 말과 요란하게 드러내 보이
는 행동보다도 더 깊이 있게 속마음을 표현하는 수단일 수 있습니다.

어떤 이에게는 '사랑과 자비'의 모습으로
어떤 이에게는 '인내'의 모습으로
어떤 이에게는 '겸손'의 모습으로 쉽게 다가오는 것이 침묵입니다.
그래서 '침묵은 금'이라고 하는가 봅니다.

우리는 마음속에 일어난 감정에 쉽게 치우치거나 자극받는 것을 감정적이라 하고, 감정을 한 템포 늦추어 판단하고 행동하는 것을 이성적이라 합니다.
그런데 한 템포를 늦추고 나면 고요한 침묵만 남게 됩니다.
따라서 침묵은 이성적인 결과물이기 쉽습니다.
감정을 다스릴 줄 알아야 침묵도 가능하다는 말입니다.
침묵은 고요한 것만큼이나 온갖 소란스러움을 잠재우는 묘약입니다.

여기에서 말하는 침묵은 부부간에 다투고 한동안 대화 없이 입을 다물고 사는 침묵까지도 말하는 것이 아닙니다.
그것은 감정에 이끌림 되어 입을 닫은 침묵이기 때문입니다.
보고 듣고 느낀 감정을, 그중에서도 부담스럽고 나쁘고 불쾌하게 느껴진 감정을 한 템포 늦추고 속으로 진정하여 나타나는 침묵이어야 합니다.
그냥 쉽게 생각해도 침묵해서 잃게 되는 것보다는 침묵해서 얻게 되는 것이 훨씬 많을 것 같습니다.
젊었을 때 나는 어떤 사람과 심한 말다툼을 한 적이 있습니다.
서로 감정이 격해져서 격한 말을 서로 주고받다가 상대의 말이 끝났는데도 아무 말 없이 1~2분 정도를 가만히 쳐다보기만 했던 것 같습니다. 물론 마음속으로 격한 감정을 누그러뜨리면서 말입니다.
그 후의 결과는 너무나 싱겁게 서로 화해할 수 있었다는 것입니다.
이때의 침묵은 '인내'였습니다.
베풀고 나서도 베풀었다는 사실을 마음속에 담아두지 않는 침묵은 '사랑과 자비'의 모습입니다.
자기 자랑에 열 올리지 않는 것은 '겸손'의 모습입니다.

먹고 말하라고 뚫린 입입니다.
필요해서 생긴 것이니 말을 하지 않을 수는 없지만, 말이 많으면 과유불급이란 말도 있습니다.
말이 많은 사람을 입이 가볍다고 하고 말이 적은 사람을 입이 무겁다고 하기도 합니다.
말과 행동이 무거운 사람을 진중한 사람이라 합니다.

아무나 쉽게 지키기가 힘들어서 그렇지 '침묵은 금'이란 말이 결코 헛된 말은 아닌 것 같습니다.

2010년 6월

행복은 퍼져 나아가는 것

행복은 전염되는 것이랍니다. 미국 하버드의대의 니컬러스 크리스타키스 교수와 샌디에이고 캘리포니아대 정치학과의 제임스 파울러 교수가 영국 의학 저널에 발표한 글에서 '행복은 전염된다.'는 속설을 증명하는 자료를 내놓았다는군요.

두 교수가 약 5000명의 지원자를 대상으로 실험하여 얻은 결과는 '친구나 배우자 친척 등과의 관계가 행복하다면 본인이 행복해질 확률은 그렇지 않은 사람에 비하여 15.3%가 높고, 거리상으로 0.8km 이내의 가까운 거리에 산다면 행복해질 확률은 42%로 급등한다.'고 했답니다.

이 수치는 5000달러의 돈이 생겼을 때 행복해질 확률이 2%인 것과 비교하면 상당히 높은 수치입니다.

또한, 친구의 친구나 친구의 친구와 같이 2~3단계 이후의 사람이 행복해도 그 정도만 다를 뿐 행복이 전염된다는 것은 충분히 입증되었답니다.

그러나 행복보다 불행은 그 전염 정도가 낮은 것으로 나타났다네요.

배우자 친구 친척 등과 같이 가까운 사람이 행복하면 쉽게 전염되어 나의 행복지수가 높아진다는 것은 무엇인가요 ?

가깝다는 것은 그만큼 친밀하다는 것이겠고, 그가 행복하다는 것은 그만큼 서로 관심을 둘 수 있는 마음의 여유가 있다는 것이겠으며, 서로 사는 거리가 가깝다는 것은 접촉이 쉬우니 관심을 두는 횟수가 많다는 뜻이 될 것 같습니다.
또한, 행복의 전염성이 크다는 것은 인간이 본시 행복 추구적이기 때문으로 보고 싶습니다.

세상에는 작은 것에도 행복을 느끼는 사람이 있는가 하면 큰 것으로도 행복해하지 않는 사람이 있습니다.
이것은 마음이 일으키는 정도의 문제라고 생각됩니다.
행복이란 외부로부터 자극되어 일어난 현상을 자기 마음속에서 느끼는 감정이니 주변을 둘러싼 행복한 조건들이 나에게도 행복한 마음을 갖게 만들어 주는 가 봅니다.

사람은 누구나 관심 속에 피어납니다.

나는 나, 너는 너대로 누구의 관심도 받지 못하고 사는 삶은 하나의 몸짓에 지나지 않는 외롭고 쓸쓸하며 멋없고 재미없는 그런 삶이겠지요.

어쩌다 누가 나에게 관심이라도 보이면 비로소 나도 존재하고 있음을 느끼고 꽃처럼 오랜만에 활짝 피어 웃게 됩니다.
꽃은 한순간에 피고 지지만 한순간에 핀 꽃은 서로에게 긴 여운으로 아름다움을 남깁니다.

내가 너에게 관심을 보이면 네가 활짝 피어 나에게 안기고, 네가 나에게 관심을 보이면 내가 활짝 피어 너에게 안길 것이니 너와 나는 혼연일체가 되어 행복함을 느낄 것입니다.

만공스님은 세계일화世界一花라 했지요.
가까운 가족부터 세상 만물에 이르기까지 서로 관심을 보여서 상대가 활짝 꽃을 피우게 하면 이것이 쌓여서 온 세상이 혼연일체가 되어 행복으로 충만한 꽃의 천국이 되리라고 봅니다.

행복은 쉽게 퍼져 나가는 것이므로 말입니다.

2010년 9월

꽃무릇(상사화)
축제

우리나라 3대 꽃무릇 군락지인 함평 용천사, 영광 불갑사, 고창 선운사의 꽃무릇 축제가 하필이면 추석 연휴와 겹치게 되니 길이 막힐까 봐 구경 가는 것을 포기하고 추석연휴를 보내고 있다가 괜한 마음에 뭔가 허전함이 밀려와 말 그대로 상사병이 날 지경이니 막힐 때는 막히더라도 볼 것은 봐야겠다는 심정으로 용감하게 길을 떠났습니다.

꽃무릇은 봄철에 파랗게 돋아 나왔던 무릇 이파리가 여름을 넘기면서 쓰러지고 나면 맨땅에서 꽃대가 길게 나와서 빨간 꽃을 피우는데, 잎과 꽃이 서로 만나지를 못해 서로를 생각하는 마음이 지극하여 빨갛게 토해내듯 피어나니 이를 '상사화'라고도 한답니다.

가장 좋은 구경거리는 불갑사에서 용천사에 이르는 산길인데 걸어서 4시간 30분 정도의 거리라 하니 그렇게까지는 하지 못하고 선운사와 불갑사의 꽃무릇을 보는 것으로 만족했습니다.
용감하게 길을 떠난 나그네를 꽃무릇이 반갑게 맞이해 주니 기쁜 마음으로 꽃과 내가 서로 대화를 나누고 돌아왔습니다.

이파리는 어데 두고 꽃만 홀로 피어서 영원히 만날 수 없는 임에 대한 애틋한 사랑이 얼마나 지극하면 저토록 길게 목을 빼고 핏빛의 빨간 꽃을 토해 낼까를 생각하면서 나는 저절로 자작시 한 수를 읊어 봅니다.

   싸웠냐 토라졌냐 짝을 어이 잃었느냐
   네 짝은 어디 두고 너만 홀로 피었느냐
   다정도 병인듯하니 어서 마음 돌려라

   있으라 잡으려도 이미 떠난 그리운 임
   목 빼고 둘러봐도 그림자도 안 뵈는 임
   평생에 그리운 정만 핏빛으로 물들더라

   살펴도 뵈지 않고 기다려도 오지 않네
   숯검정 타는 가슴 애처롭기 한량없네
   때늦은 화해의 손길 무슨 소용 있으랴

2010년 9월

무엇을 갈고
닦는다는 것은

스스로 꿀을 머금음은 꿀이 나아가 벌 나비를 희롱코자 함이 아니고 그저 꿀을 머금은 내 주위에 벌 나비가 모이는 것일 뿐이며, 스스로 밝고자 함은 내 밝음이 세상을 밝히고자 함에 있는 것이 아니고 그저 밝아진 내 주위에 밝음을 따라 사물이 모이는 것일 뿐입니다.

태양이 밝고 뜨겁게 타오르는 것은
어떤 사물을 밝히고 덥히려는 뜻이 있어서가 아니고
그 밝고 따스함을 좇아 사물이 그저 반응하는 것이니
수성과 금성은 너무 더워서 생명이 살지를 못하고
지구는 다행히 생명이 살 수 있으며
목성과 토성에는 너무 추워서 생명이 살 수 없음과 같습니다.

내가 어찌 되어 세상을 어찌하겠다는 것은 부질없는 망상입니다.
내가 어찌 되면 그 어찌 됨의 향내를 맡고 그저 세상 만물이 모여들게 될 뿐이니 비로소 발 없는 말이 천 리를 가듯이 어찌 됨의 향내가 만 리 밖까지 퍼져나가게 됩니다.

갈고 닦는다는 것은
스스로 갈고 닦을 뿐이어야지
갈고 닦아서 남을 어찌하겠다는 것은
바른 갈고 닦음의 자세가 아닙니다.
갈고 닦으니 사물이 찾아오고
사물이 찾아오니 그저 갈고 닦은 바를 펴 보이는 것입니다.
이것을 이해 못 하니
십 년 동안 눕지 않고 앉아서 잠을 잔다거나
토굴에서 평생을 사는 고행을 이해 못 합니다.

예수가 그렇고
석가가 그렇고
모든 성현의 삶이 그러하니
범생의 작은 삶도 이와 크게 다르지 않을 것입니다.

2010년 10월

함께 잘 살기가
그렇게도 어려운가?

두 개의 상대적인 관계가 함께 살아가는 방법은 우선 힘의 논리입니다. 즉 지배종속의 관계이며 한쪽이 다른 한쪽을 완전히 지배하는 방법입니다.
다음은 화합의 논리입니다. 즉 평등조화의 관계이며 서로 돕고 의지하며 공존하는 방법이 있습니다.

힘의 논리가 지배하는 사회는 사회적인 비용이 만만치 않습니다. 지배하는 쪽은 상대적으로 자유를 보장받으나 그 반대편은 보장받지 못합니다. 지배하는 쪽 또한 상대를 감시 하는데 많은 시간과 에너지를 쏟아야 하니 바람직하지 않습니다. 이때의 삶의 방식은 철저하게 지배자에게 복종하는 삶이어야 합니다. 지배자에게 저항하는 삶은 대립이며 그만큼 피곤합니다.
상대가 힘을 키워 지배자가 바뀔 수 있으나 힘의 우열이 확실한 상태에서는 안정적일 수 있습니다.
겉으로는 안정적이나 속으로는 부글부글 끓어오릅니다.

화합의 논리가 지배하는 사회는 서로서로 돕는 것이니 사회적인 비용이 적게 듭니다. 그만큼 나도 좋고 너도 좋습니다. 이러한 관계가 유지되는 동안에는 겉으로도 안정적이고 속으로도 안정적입니다.
그러나 이러한 관계가 계속 유지되려면 두 집단 간에 신뢰가 돈독해야 합니다.
어떠한 이유로 신뢰에 금이 가면 쉽게 공존의 관계가 깨질 수 있습니다. 공존의 관계가 깨지면 힘의 논리가 지배하는 사회가 됩니다.

이를 부부관계와 요즘의 남북관계에 대입해 봅니다.

남북관계에서는 '햇볕 정책'이니 하여 정당 간에 위의 두 가지 방법에 대하여 견해가 서로 다른 것 같습니다. 북의 침략이 잦은 요즘에는 힘의 논리가 지배하는 사회가 힘을 얻는 것 같습니다.
부부관계에서는 여필종부의 시대는 힘의 논리에 의한 방법에 가깝다고 할 수 있을지 모르지만, 요즘의 젊은 부부들의 관계가 화합의 논리에 의한 방법에 가깝다고 말할 수는 없습니다. 화합의 논리가 지배하는 사회는 남녀 간에 평등하고 각자가 존엄하면서 서로 조화하고 화합해야 하는데 앞의 평등하고 존엄함은 잘 알고 있는 것 같으면서도 뒤의 조화하고 화합하는 모습은 잘 보이지 않기 때문입니다. 그러다 보니 갈라져서 이혼하는 부부가 점점 많아지는 것 같습니다.

남남이 만나서 하나 되어 사는 것이 부부입니다.
함께 살다 보면 갈등도 있고 다툴 일도 있게 됩니다.

갈등도 빨리 풀고 다툰 일도 빨리 화해하는 노력이 필요합니다.
흔히 보면 손바닥만 한 자존심 때문에 먼저 화해를 못 하는 사람들이 많습니다.
화해 못 하고 서로 버티는 사이에 가슴은 피멍이 들기가 쉽습니다.
자존심이란 것이 참으로 묘해서 부부간에 서로 지켜 줄 땐 남들 것보다 더욱 크고 소중하지만 버릴 때는 남들 것보다 훨씬 작고 하찮은 것이 될 수도 있습니다.

원만한 부부관계는 화합의 방법이 옳습니다.
화합의 방법대로 살면 두 사람 모두 편하기 때문입니다.
여기에서 신뢰가 깨어지든가 한 사람이 힘(근력, 경제력, 배경이나 각종의 힘)을 내세워 상대방을 내리누르게 되면 힘의 논리가 지배하게 되는데 이렇게 힘의 논리에 의하여 사는 부부는 한쪽이 항상 답답함을 느끼며 살게 됩니다.
흔히 말하는 한쪽이 '죽어 살'면 마음속에 응어리가 자랄 것이요, 저항이라도 할라치면 가정에 평화가 깨지기에 십상입니다.
남북관계와 달리 부부는 서로 갈라져서 완전히 남남이 될 수 있는 길이 하나 더 있기는 하지만 갈라지면 이미 부부가 아니니 부부관계란 말로 설명하는 데 하나도 지장이 없습니다.

부부관계는 애초에 남남이 하나가 된 관계이니 서로 갈라지면 끝일 수도 있겠지만 남북관계는 애초에 하나가 서로 갈라진 것이니 다시 하나가 되어야 끝일 수 있습니다.

그런데 저렇게 침략이나 일삼는 집단과 무슨 방법으로 하나가 될 수 있단 말인가요.

남북관계나 부부관계나 결국 사회적 비용이 적게 드는 화합이란 것이 바람직한데 그 바탕이 되는 신뢰가 손상되면 쉽게 깨질 수 있는 위험이 있습니다.

따라서 궁극적으로는 힘에 의존하는 사회가 더 강력하게 보일 수밖에 없습니다.

연평도 공격을 당한 요즘 상황이 꼭 그렇습니다.

그러나 힘의 논리가 지배하는 사회는 최선의 방법이 아니며 궁여지책입니다.

화합하여 서로 잘 사는 것이 좋기는 하지만 상대인 북한이 영 신뢰할 수 없는 대상이니 사회적 비용이 더 필요한 힘의 논리가 필요한 것입니다.

요즘 남북관계를 바라보는 나의 마음은 국민의 한 사람으로 참으로 착잡합니다.

힘든 일이 많겠지만 남이나 북이나 정치하는 사람들이 민족에게 좋은 일을 해 줬으면 좋겠다는 생각을 해 봅니다.

좋은 부부관계를 복원하듯이 화합과 평화의 한반도가 되기를 기대해 봅니다.

2010년 11월

아쉬움과 기대

우이독경牛耳讀經이란 말과 마이동풍馬耳東風이란 말이 있습니다.

소귀에 아무리 좋은 경전을 읽어준 들 무슨 소용이 있으며 말귀에 스치는 바람이 동풍인지 서풍인지 알 까닭이 있느냐는 말입니다.
멀뚱멀뚱 그저 쳐다만 보는 소의 모습과 너무나 한가롭게 풀만 뜯고 있는 말의 모습이 그려집니다.

경을 읽는다는 것은 의도적으로 읽어 준다는 것이고, 바람이 분다는 것은 그냥 그렇게 분다는 것입니다.
의도적으로 일깨워주려 해도 안 되고 스스로 뭐 좀 알아차리면 좋을 텐데 그렇지도 못합니다.
결국, 능력의 문제입니다.
그러나 사람에게는 교활함이란 것이 있어서 일부러 그렇게 모른척 하기도 한다는 것이 다를 뿐입니다.

2010년을 보내며 많은 사람의 모습을 돌이켜 봅니다.
눈만 멀뚱멀뚱 뜨고 모른 척 해 보이는 사람이 꽤 있는 것 같습니다.
어떤 사람은 아예 능력이 없어서인 것 같기도 하고, 어떤 사람은 교활해서인 것 같기도 합니다.
우리네 같은 무지렁이 귀에는 경을 읽어 줄 사람도 없고 스치는 바람도 많지 않아 크게 영향받지 않는다지만 앞선 사람들은 능력 있는 사람이라 스스로 말을 하였으니 모른 척해서는 안 될 일입니다.
교활한 사람임을 스스로 인정하는 것일 수 있기 때문입니다.

올해가 가고 밝은 태양이 솟아오르면 앞선 이들 모두가 귀를 쫑긋 세우고 잘 들어서
바르게 알아차리는 2011년이 되기를 기대해 봅니다.
열고 통하지 않으면 무슨 소용이 있으랴.

2010년 12월

사람을
버리지 마세요.

　　　　　　　　　　사람이 살다 보면 즐겁고 행복할 때도 있고 힘들 때도 있습니다. 그런데 지나놓고 보면 우리네 삶이란 것이 즐겁고 행복할 때보다 힘들고 어려웠던 때가 훨씬 많은 것 같습니다.

A가 한때는 잘 나가는 사람이라고 가정합니다.
스스로 잘 나갈 때는 혼자 가만히 있어도 전혀 외롭지가 않습니다.
주변에는 이 사람 저 사람 많은 사람이 모여듭니다.
이 전에 만났던 사람도 떠나가지 않고, 특별히 친해지고 싶지 않은 사람도 친해지자 합니다.
그러다가 A가 어려워지고 힘들어집니다.
주변에 찾아오는 이가 없고 있던 사람도 떠나갑니다.
혼자 있어도 즐겁고 행복할 때는 꾸역꾸역 모여들어 오히려 귀찮게까지 하드니 이제는 혼자 있으면 외롭고 쓸쓸하여 누군가 옆에 있어 주면 좋을 것 같은데 옆에는 아무도 없게 됩니다.

왜 이런 현상이 생길까요?
이유를 두 가지로 나누어 설명해 봅니다.

한 가지 이유는 모여들던 사람의 마음입니다.
여러 가지 이해관계와 개인의 정서까지 함께 작용하여 그때그때 상황에 맞는 판단을 하기 때문입니다.
권력과 재력의 변화에 따라 이해관계가 달라질 수 있으며, 유행과 시대적 정서에 따라 인기도 변할 수 있습니다.
또한, 마약 같은 잘못된 삶과 뇌물수수 같은 비리가 드러나서 지금까지 지지하고 열광하던 사람들이 쉽게 곁을 떠날 수도 있습니다.
좀 야속하기는 하지만 그렇다고 그를 탓할 일도 아니지요.
흔한 말로 '제가 제 맘대로 오고 가는데 내가 어찌할 수가 없는 일'입니다.
'내 인덕이 부족하여' 하든지 '내가 잘 못 살아서' 하든지 해야 할 일입니다.
내가 잘 나가면 그들은 또 내 곁으로 모여들 사람들입니다.

다른 한 가지 이유는 내가 스스로 그들을 버리는 것입니다.
힘들고 어려워지면 은연중에 의지하여 기대고 싶고 많은 것을 이해해 줄 수 있는 사람을 떠올리게 됩니다.
잘 나갈 때 주변에 있던 사람 중에 '그래도 이 사람이라면' 하는 사람도 헤아려 봅니다.
그 시절에 내가 이런 일로 도와준 일도 있으니 나의 이런 말쯤은 쉽게 들어주겠지 하고 생각도 해 봅니다.

그것이 하소연일 수도 있고 어떤 부탁일 수도 있습니다.

그러나 상대의 반응은 나의 기대와 다르기가 쉽습니다.

반응이 기대와 다르니 서운한 마음이 생기고 과거에 내가 해준 일의 정도에 따라 괘씸한 생각까지 듭니다.

그때는 그때이고 지금은 지금인데 지금은 엄연히 내가 부탁해 놓고 과거를 들어 서운한 감정을 키웁니다.

서운하고 괘씸한 생각이 들다 보니 '너는 아니야!' 하고 내가 상대를 버리고 지워 버립니다.

어떤 미련이 남아서 내 곁에 남을 수도 있는 그런 아까운 사람을 내가 지우는 꼴이 됩니다.

그런데 이런 상황을 맞는 사람들이 의외로 훨씬 많다는 것이 문제입니다.

이처럼 떠나가는 그 사람을 잡을 수는 없다고 하더라도 내가 스스로 상대를 먼저 지우는 일은 참으로 잘못된 판단입니다.

이제는 주변에 더 모여들 사람도 없는데 그나마 남을 수 있는 사람마저 내가 스스로 버리게 되니 나는 더욱 외로워지고 언젠가는 혼자 남을 수도 있기 때문입니다.

이것이 제일 무섭습니다.

홀로 남으면 더욱 쓸쓸해지고 힘든 일은 더욱 힘들어질 수밖에 없습니다.

힘들어질수록 자기 스스로는 단 한 사람도 지우거나 버리지 마세요.

그들은 나의 힘든 시절을 헤쳐 나가게 해주는 고마운 벗들일 수 있으니까요.

그가 떠나간다면 잡으려 하지도 마세요.
내가 살아가는 또 다른 모습을 보면서 그가 다시 돌아올 수도 있고요.
이제까지와는 전혀 다른 사람들이 새롭게 모여 들 수도 있으니까요.

2011년 1월

누구에게나 삶은
고해苦海랍니다.

사람의 삶은 고해苦海라고 합니다.
생로병사는 그 자체가 근심, 걱정, 슬픔, 괴로움이며, 싫어하는 것과 만나는 것, 좋아하는 것과 헤어지는 것, 원하는 것을 얻지 못하는 것 등이 고통이니 온 천지가 고통이라는 말입니다.
살면서 겪게 되는 어려움이나 슬픔과 괴로움은 크게 남아 쌓이고 기쁘거나 즐겁고 좋은 일 들은 쉽게 잊히기 때문이기도 하겠지만 산다는 것 자체가 고통의 바다를 헤엄치는 것과 같다는 생각은 일리가 있는 것 같습니다.
특히 사람의 삶은 우여곡절이 많아서 더욱 그런 것 같습니다.

사람이 살면서 이 고해임을 깨달으면 그 순간부터 고해는 사라진다고 합니다.
기준을 고해에 두고 있으면 조금만 좋은 일이 있어도 즐겁고 환희로움이요, 기준을 즐거움에 두고 있으면 조금만 부족해도 힘들고 고통스럽기 때문입니다.

나는 이곳에서 이러한 고해를 말하고자 함이 아닙니다.

삶이 고해라는 말은 누구에게나 개개인 모두에게 고해라는 말입니다. 즉 한 사람 한 사람이 모두가 자기 한 몸 살아가기도 결코 쉽지 않은 고해라는 뜻입니다.

어깨의 짐이 무거워서, 먹고 살기가 힘들어서, 뜻을 펴기가 어려워서, 어떤 사정이 있어서 등등 사정은 서로 달라도 자신의 짐만으로도 힘들고 버겁다는 뜻이며, 이토록 힘든 바다인 세상을 헤쳐 나가야 비로소 한 삶을 마칠 수가 있게 되는 것입니다.

그런데 살다 보면 내 짐만으로도 버겁고 힘든데 남의 짐까지 지게 되는 경우가 많습니다.

이때에 지게 되는 남의 짐이란 것이 두 가지 경우가 있습니다.

한 가지는 어떤 사람이 열심히 살다가 어쩔 수 없는 사정으로 힘들어하는 모습을 보고는 그의 짐을 나누어지게 되는 경우입니다.

아주 열심히 살던 가족 중에 어떤 사람이 갑자기 큰 병에 걸렸는데 병원비가 없어서 치료도 못 하게 되는 경우에 이를 본 또 다른 가족이 짐을 나누어지는 경우입니다.

사정이 이렇다고 해도 고해라는 것이 누구에게나 공평하게 적용되는 것이라면 남의 짐이 더하여진다는 것은 나의 고통이 가중되는 일입니다.

다른 한 가지는 열심히 살기는커녕 말썽만 피우고 자기 삶을 지탱하지도 못하면서 툭하면 사고를 쳐서 그 짐을 부모·형제나 가까운 가족에게 지우는 경우입니다.
이런 경우는 참으로 난감한 일입니다.
자기 어깨의 짐만으로도 버거워 죽겠는데 원치 않는 남의 짐까지 졸지에 지게 되었으니 그 심정을 어찌 표현할 길이 없습니다.
앞의 짐에 비하여 훨씬 무겁고 고통스럽게 하는 짐이라 하겠습니다.

사람의 삶 자체가 누구누구 할 것 없이 고통의 바다라는 것을 알게 되면 나의 짐을 남에게 넘긴다는 것이 참으로 염치없는 일임을 금방 알 수 있습니다.
누구나 각자 자기의 짐만으로도 무겁고 버거운데 나의 짐까지 덤으로 지게 하였으니 그가 얼마나 더 힘들어할까를 알게 됩니다.
내가 열심히 살다가 할 수 없이 어려운 일에 처하여 이를 불쌍히 여긴 가족이나 이웃이 나의 짐을 나누어 져 준다면 이 또한 참으로 고마운 일인 것도 알게 됩니다.
내가 말썽만 피우고 툭하면 사고를 쳐서 그 짐을 가족이나 이웃에게 넘겨 주었다면 이것이 얼마나 더 큰 잘못인가도 알게 됩니다.

사람의 삶은 고해입니다.
나에게 고해이고 남에게는 고해가 아닌 것이 아닙니다.
나에게도 고해이고 남에게도 고해입니다.
나의 짐을 내가 지고 가기에도 벅차듯이 남도 그의 짐을 지고 가는 것만으로도 벅차다는 것을 알아야 합니다.

열심히 살다가 무엇이 잘못되어 할 수 없이 나누어지게 되는 짐이야 어쩔 수 없는 일이라 하겠지만 일부러 지우지 않아도 될 짐까지 넘겨주는 것은 나쁜 일입니다.
부부간에 가족 간에 이웃 간에 모두가 그러합니다.

짐은 나눌수록 가볍다는 말은 나누어지려는 나의 마음이지 짐을 넘겨주는 그대의 마음이어서는 안 되는 것입니다.

2011년 3월

흥얼거리다가
우는 바보

나는 흥얼거리는 버릇이 있습니다.
특정 제목의 노래를 의도적으로 흥얼거릴 때도 있지만 대부분은 무의식적으로 특정하지 않은 노래나 동요를 흥얼거립니다.
그런 내가 오늘은 흥얼거리다가 펑펑 울고 말았네요.

날 저무는 하늘에 별이 삼형제
반짝반짝 정답게 비추이더니
웬일인지 별 하나 보이지 않고
남은 별만 둘이서 눈물 흘려요.

아무 생각 없이 흥얼대다가 문득 생각해 보니 '별 삼형제'라는 동요인데 그 가사가 나를 펑펑 울게 했네요.
나의 형제는 남녀가 중간에 하나씩 끼어 삼형제 삼자매하여 6남매인데 그중에 막내이니 맏이는 80이 내일 모래입니다.
막내가 60이 다 되었으니 말이지요.
그러다 보니 누님이나 형님 중에는 건강이 좋지 못하여 출입이 자유롭지 못한 분도 있지요.

자연스럽게 삼형제인 우리 형제들과 가사의 내용이 겹쳐지면서 어쩌면 눈물 흘리는 남은 별이 마치 나인 것만 같아서 가슴을 뭉클하게 하더니 그만 펑펑 울고 말았답니다.

가사의 내용은 예나 지금이나 변한 게 하나도 없는 데 느끼는 감정은 이렇게 많이 다르네요.

나는
그저 흥얼거리다가도 펑펑 우는 바보입니다.

2011년 4월

그리움이 아니라 차라리 병이다

누구에게나 고향은 있는데
지킴이나 떠난 이나 고향은 그리움인데
갈 수 없는 고향은 더욱 그립습니다.

고향은 어릴 적 추억이 가득한 곳
새긴 흔적이 마음에 남아 두고두고 새록이는 곳
가끔은 홀연히 발길 닿게 하고
혼자 거닐면서 과거를 현재로도 만들어 주는 그런 묘한 곳인데
가고 싶어도 갈 수 없는 곳이라면
마음속 그리움만 눈덩이처럼 커져서
마침내는 병이 될 수도 있는 그런 곳입니다.

내가 들은 고향 타령만도 수십 번은 될 것만 같은
피난 나온 이웃집 할배가
어제 돌아가셨습니다.

가고 싶어도 갈 수 없는 고향은

그리움이 아니라

차라리 병입니다.

2011년 5월

추석

추석秋夕은
춘하추동春夏秋冬 중 계절의 3/4秋이며
조주석야朝晝夕夜 중 그날의 3/4夕입니다.

시간으로 보면
겨울이 오기 전이며 어두워지기 전입니다.

겨울은 혹독한 추위와 마주하기도 하지만
잠시 휴식을 취하는 시기도 되며
한밤은 어둡고 깜깜한 시간도 되지만
잠을 자며 휴식하는 시간도 됩니다.

'휴식'을 앞에 놓으면 기대에 부푼 희망의 순간이 되고,
'시련'을 앞에 놓으면 지금이 최고의 순간도 됩니다.
'추석은 희망이 가득 담긴 최고의 순간'인 것입니다.

오곡백과가 풍성한 수확의 계절에 맞는 추석
'더도 말고 덜도 말고 추석만 같아라'고 말합니다.
이렇듯 절정의 풍성함에
휴식에 대한 기대까지를 더하였으니
추석보다 더 좋은 날은 없는 것 같습니다.

2011년 9월

윗집의 귀여운 아기

한 집에서 20여 년 가까이 살다가 얼마 전에 다른 집으로 이사를 했습니다.
우리 집 위층에는 두세 살 정도 되는 여자 아기가 있습니다.
나는 요즘 이 아기 덕분에 즐겁습니다.

아침에 일어나면 이 녀석이 벌써 일어나서 콩콩 하며 뛰어다닙니다.
고놈 뛰어다니는 소리가 참 좋습니다.
저녁에 퇴근해도 역시 콩콩 소리가 들립니다.
저녁 먹고 한참이 지나서 밤 10시가 되어도 계속 콩콩 뛰어다닙니다.
고놈 뛰어다니는 소리는 조용한 아파트에 생기를 줍니다.

어쩌다가 요놈 뛰어다니는 소리가 들리지 않으면 걱정스럽습니다.
고놈이 아픈가, 어디를 갔나 괜한 걱정을 합니다.
그러다가 콩콩 소리가 들리면 마음이 편안해집니다.
은근히 콩콩 소리를 기다리는 내가 되었습니다.
내가 그러니 아내도 따라 그런가 봅니다.

엘리베이터를 탔더니 아기를 안고 젊은 부부가 서 있습니다.
-아래층에 사셔요?
-네 그렇습니다.
-우리 아기가 시끄럽게 해 드려 죄송합니다.
-아! 위층에 사시는군요. 괜찮아요. 고놈 참 예쁘게 생겼네요.
-조심한다고 해도 워낙 아기가 천방지축이라… 아무튼, 죄송합니다.…
나는 오늘 기분이 참 좋습니다.
무슨 좋은 일이 펑펑 터질 것 같습니다.

오래전에 우리 자식 놈 어렸을 때
아래층에 사는 사람이 올라와서 시끄러워 못 살겠다면서 '자식 그렇게 키우지 마세요' 하고 내려간 적이 있습니다.
그 자식이 잘 자라서 지금은 제 몫을 하고 있습니다.
살림을 때려 부수는 소리가 아니라면 그저 아기가 뛰어다니는 소리 정도는 귀엽고 예쁘게 들을 줄 아는 귀였으면 좋겠습니다.

지금도 윗집에서 콩콩 소리가 들립니다.

2011년 12월

표절

가끔 표절 때문에 고생하는 사람들이 있습니다. 요즘도 모 당의 국회의원 후보가 표절 논란에 빠져서 힘든 모양입니다.

표절은 다른 사람의 저작물의 일부 또는 전부를 몰래 따다 쓰는 행위입니다. 저작자의 허락을 얻거나 출처를 밝히면 표절이 아닙니다.

내가 학교 다닐 때의 일입니다.
그때는 인터넷도 없던 시절이니 숙제 하나 하려면 학교도서관 시립도서관을 돌며 며칠씩 자료를 찾아 정리하여야 리포트 하나를 작성할 수 있었습니다.
그때나 지금이나 나는 고지식하기가 끝이 없는 사람이니 요령을 피울 줄 모릅니다.
끙끙대며 일주일 이상 잠도 못 자고 리포트 하나를 완성해 놓으면 베짱이처럼 실컷 놀기만 하던 과의 친구들이 그 리포트를 빌려 가서는 베끼기도 하고 살도 붙여서 제출합니다.

그리고 나와 같거나 좀 더 좋은 평가를 받습니다.

표절이 염려스러운 것은 최초 저작자의 노고를 순식간에 가로채고는 그 잘못을 모르는 데 있습니다.
이번에 문제 된 그 후보의 반응을 보면 쉽게 이해할 수 있습니다.
어쩌다 한 줄 정도 옮겨 적을 수는 있지만, 전체의 흐름을 좌우하거나 문장 전체를 옮겨 적으면 그것은 내 것이 아니고 그 사람의 것입니다.
이럴 때는 반드시 출처를 밝히거나 따온 것이라는 표시를 하여야 합니다.
그것이 최초 저작자의 노고에 대한 예의이며, 자기가 활용할 수 있게 해 준 것에 대한 고마움의 표시입니다.
남을 드러내 주면 내가 살고, 남을 숨기고 나를 드러내려 하다 보면 마침내 내가 힘들어지는 경우를 만나게 된다.

그 후보도 논문까지 취소되는 수모를 겪을 것 같으니 그렇게 되면 교수의 자리도 온전치 못할 것 같습니다.

2012년 4월

애들아 투표하거라

선달아

지금 뭐 하는 거냐?

너희들이 선거가 뭔지는 아니?

누구를 찍고

어느 당 후보를 찍고

그것이 중요한 게 아니잖니.

네 마음과 같은 생각을 하는 사람이 있으면 더욱 좋고

어느 정도라도 같은 사람이 있으면 그다음이고

눈 크게 뜨고 찾아봐도

너와 비슷한 생각을 하는 사람이 아예 없으면

너와 생각이 다른 정도를 꼼꼼히 살펴서라도

너를 대표하는 사람을 만들어야 하지 않겠니?

중우정치를 염려하기도 하지만 선거는 민주주의의 꽃이란 말도

있지 않니?

근래 몇 차례의 선거에서 네 또래의 투표율이 40%를 넘긴 적도 없다니
그게 말이나 되느냐 말이다.
열심히 살펴보고 찍어도
나중에 보면 그놈이 그놈이더라는 말은
나 정도 나이쯤은 되어야 입에 담을 수 있는 말이지
이제야 투표를 막 시작한 사람이
무엇 때문에 투표장에 가지 않는단 말이냐?
잠을 잤느냐
놀러 갔느냐
도대체 그 시간에 무엇을 하였느냐?
투표를 보이콧하는 것도 참여의 수단이라고는 하지만
이번 선거는 그런 것도 아니잖니.

거기 그렇게 서 있는 너희들 중에
10명 중 7명은 무슨 생각을 하며 살고 있는지
나는 그저 답답하기만 하구나
꿈과 희망이 없느냐?
세상 살기가 그렇게 힘들더냐?
이것저것 다 귀찮더냐?
게을러터져서 움직이기가 싫더냐?
아예 골치 아픈 생각 자체가 싫으냐?
잘못 선택했다는 부담이 싫어서 그러냐?
놀러 가는 것이 투표하는 것보다 훨씬 좋다고 생각했더냐?

너희들의 속 깊은 생각을 내가 모르고 이렇게 떠들고 있느냐?
에이!
나는 너희들의 그런 모습을 보면서
나라의 앞날에 더 큰 희망이 없는 것 같아 불안하기만 하구나.

선달아
사람마다 생각이 다 같은 것은 아니란다.
특히 선거라는 것은
이런 말 하는 사람도 있고
저런 말 하는 사람도 있기 마련이다.
나는 이 사람을 선택하고
너는 저 사람을 선택할 수도 있단다.
내가 선택한 사람이 당선되기도 하고
네가 선택한 사람이 당선되기도 한단다.
내가 선택한 사람이 나의 모든 것을 대신해 주는 것도 아니고
네가 선택한 사람이 너를 전부 대신하는 것도 아니란다.
내가 너하고 다른 선택을 했다고 나를 나쁜 놈 취급하고
네가 나하고 다른 선택을 했다고 너를 몹쓸 놈 취급해서야 되겠니?
그런 걱정은 할 필요가 하나도 없구나.
그저 너의 기준으로
네 마음속에 정한 사람을
콕하고 찍어주기만 하면
네가 한 일은 아주 잘한 일이 되는 것이란다.

선달아

투표장에 나가서

콕 하고 도장 한번 찍어주는 일이 그렇게도 힘이 들더냐?

힘이 들더라도

이제부터는 투표하는 습관을 들여보려무나.

그것이 나라의 미래를 위한 일이란 걸

나중에 나중에는 알게 될 게다.

2012년 4월

서로 다르다

기독교 신자가 절에 가서 찬송가를 부르는 것과 스님이 교회에 가서 찬송가를 부르는 것은 사뭇 다릅니다.

2011년 성탄 하루 전에는 조계사에서 불교합창단의 입으로 찬송가가 울려 퍼졌다고 합니다.
2012년 석가탄일 하루 전에 스님(정율)이 명동성당에 가서 '아베마리아'를 불렀다고 합니다.
얼마 전에는 기독교 계통의 어떤 사람들이 봉은사와 조계사에 들어가서 '땅 밟기'란 이름으로 찬송가를 부르고 불교를 비난하는 일이 있었다고 합니다.

나는 여기에 긴말을 쓰지 않겠습니다.

공식적으로 하는 것은 베풀어 놓은 마당이며 무단으로 하는 것은 상대를 인정하지 않는 마음입니다.

내가 상대의 것을 불러 주는 것과 내가 내 것을 부르는 것도 다릅니다. 내 것에 대한 집착은 추해 보이고 남의 것을 인정해주는 마음은 아름답습니다.

2012년 6월

음력 윤달이
뭐 어째서

'여분의 달' 또는 '썩은 달'이라 불리는 윤달은 전에는 '하늘과 땅의 신이 인간에 대한 감시를 푸는 달'이라 하여 수의를 만들거나 이장移葬을 하는 등 흉사를 처리하고 이사나 집수리를 하는 풍습이 있었습니다. 그러나 요즘에는 반대로 윤달을 '귀신도 모르는 달' 또는 '신도 활동하지 않는 달'이라 생각하여 조상의 음덕을 받지 못하며 이사나 결혼 날짜로도 적합하지 않다고 생각합니다.

그 의미나 생각은 근거가 희박하니 말할 필요도 없고 이사나 결혼 날짜로 적합한 가 아니한가의 문제를 살펴보고자 합니다.

적합하지 않다고 하는 생각은 음력과 양력을 혼용하는데 원인이 있다고 봅니다.
요즘에는 실제로는 양력을 쓰면서 무슨 날짜를 잡던가 기억할 필요가 있을 때는 음력으로 써야 하는 줄 아는 사람들이 있습니다.
특히 사주를 보려 하든가 이름을 지으려 할 때 음력으로 말해야 하는 줄 알고 있는데 이는 잘못된 생각입니다. 어떤 특정한 날짜를 음력으로도 양력으로도 표시할 수 있다는 것이지(2012년 양력으로 7월 20일인 오늘은 음력으로 6월 2일이다) 그날이 서로 다른 날이 아닙니다. 서로 다른 날짜도 아니고 동양 철학적 온갖 자료가 서로 달라지지도 않습니다.

음력만을 기준으로 사용할 때 윤달에 어떤 일을 하면 그 정확한 주기를 만나기가 쉽지 않아서 참으로 불편합니다. 음력 윤달에 태어나거나 결혼을 하면 음력을 쓰는 입장에서는 제날짜의 생일이나 결혼기념일을 만나기가 쉽지 않습니다. 2012년의 경우 음력 3월에 윤달이 있는데 음력으로 윤삼월 2일은 19년이 지난 2031년에야 비로소 다시옵니다(항상 19년도 아니다).

그러나 요즘같이 음력보다는 양력을 주로 쓰는 시절에는 기준을 양력으로 하므로 음력으로 윤달에 해당한다고 해도 음력을 버리고 양력으로 사용하면 불편함이 없습니다. 위의 예에 해당하는 날의 양력 날짜는 4월 22일인데 이날은 1년마다 정확하게 다시 오기 때문입니다.

이처럼 양력을 적용하면 생일이나 제사 등 어떤 일을 기념하더라도 만 1년마다 정확하게 그 날이 돌아오게 되므로 어떤 불편함도 없게 됩니다.

따라서 음력이 특별히 필요한 곳(해안가 등)을 제외하고 일상생활에서는 양력을 쓰면 좋습니다.

이미 모든 날짜 계산은 자신도 모르게 양력으로 하고 있으면서 음력으로 윤달 유무를 따진다는 것이 좀 우습기도 합니다.

음력이란 개념을 지우면 윤달이란 말도 신경 쓸 일이 아닙니다.

양력으로 생각하고 판단하여 음력 윤달을 피하는 일에서 벗어나야겠습니다.

2012년 7월

어중간하게
채워진 깡통

빈 깡통이 요란하다는 말은 무엇인가 어중간하게 아는 것을 경계하여 하는 말입니다. 깡통을 조금이라도 채워주면 덜 요란하다는 말로 알기 쉽지만 어중간하게 채운 깡통보다야 빈 깡통이 덜 요란하다는 것을 모르고 하는 말입니다.

깡통을 들고 흔들어보면 아예 빈 깡통일 때는 소리가 없다가도, 무엇인가를 조금 채우면 소리가 나게 되고 속을 완전히 채우면 소리가 없어지는 것을 알게 됩니다.

흔들어서 요란하면 속이 다 채워지지 않은 것이고, 아무 소리가 없으면 속이 텅 비어있던지 꽉 찬 경우입니다.
속이 텅 비어 있으면 흔들어도 아예 소리 낼 것이 없으니 소리가 날 리 없고, 속이 꽉 차면 빈틈이 없으니 흔들어도 움직일 수 없어 소리가 나지 않습니다.
여기서 흔든다는 것은 그대로 둔다는 말과 같습니다.
만물은 그대로 있는 것 같지만 스스로 부단히 움직이고 있기 때문입니다.

채우다 말면 빈 곳이 남게 되어 채워진 몇 개의 알갱이가 이리저리 움직이며 부딪쳐서 소리를 내는 것입니다.
아무것도 모르면 몰라서 조용하고, 잘 알면 할 말이 없어서 조용한데, 어중간하게 아는 사람이 말도 많고 소리가 커지는 것과 같습니다.

물론 깡통을 밖에서 충격을 가해보면 빈 깡통일수록 소리가 더 요란스럽기는 하지만 이것은 외부의 자극에 대한 반응일 뿐입니다.
빈 깡통이 요란하다는 말은 자신이 스스로 드러나는 모습을 말함이니 밖에서 충격을 가했을 때의 소리가 더 요란하다는 말과는 다릅니다.

정치가 설들면 정치가 요란하고, 경제가 설들면 경제가 요란합니다.
우리네 삶 또한 이와 같아서 축구를 엇지식으로 아는 사람이 축구를 더 떠들고, 배구를 엇지식으로 아는 사람이 배구를 더 떠듭니다.
선무당이 사람 잡고, 엇지식자가 지식을 더 말하는 세상입니다.

요란하다는 말은 무엇이 덜 채워졌다는 말일 수 있습니다.
이때는 속을 비우던가 완전히 채워주는 것이 이를 진정시키는 방법입니다.
저가 그러면 저를 그렇게 하고 내가 그러면 나를 그렇게 해야 합니다. 그러나 저를 그렇게 하는 것보다는 나를 그렇게 하는 것이 훨씬 쉽습니다.

어떤 것은 채워서 굳게 흔들림을 막고,
어떤 것은 비워서 아예 관심을 끊고 멀리해야 하겠지만
우리의 삶은 그저 언제나 어중간하게 채워진 깡통일 뿐입니다.

2012년 8월

순간에 충실한 삶

시時가 흐르면 시간時間이 됩니다.
시간時間은 순간인 시時의 쾌적입니다. 순간이 이어지면 한 시간이 되고 하루가 되고 일주일이 되고 한 달이 되며 또 일 년이 됩니다.
이러한 시간時間에는 앞부분과 뒷부분이 있습니다.
앞부분은 시작하는 쪽이며 뒷부분은 끝나가는 쪽입니다.
시작하는 것은 처음이며 한없이 순수하고 희망적입니다.
무게추가 앞에서 끌어당기니 가야 할 길이 많습니다.
그만큼 기대하는 바가 크고 성장 발전의 가능성도 무궁무진합니다.
끝나는 것은 마무리이며 앞을 닫고 뒤를 돌아봄입니다.
무게추가 뒤에서 당기니 지나온 길이 무겁게만 느껴집니다.
앞으로 내닫지를 못하고 머뭇거리게 됩니다.

순간에는 시작도 없고 끝도 없습니다.
시간時間이 되어야 비로소 시작도 있게 되고 끝도 있게 됩니다.
오늘은 일 년이라는 시간時間을 또다시 시작하는 날입니다.
누구나 희망과 성장 발전을 말하는 날입니다.

시작도 없고 끝도 없던 것을 일 년이라는 시간을 정하여 시작을 말하고 의미를 캐내려고 합니다.

인생은 시간時間적 삶의 모습입니다.

순간순간의 삶의 모습이 쉼 없이 연결되어 인생이 됩니다.

살다 보면 살아온 발자취가 인생으로 남게 되는 것입니다.

결국, 살아온 뒷모습이 무서워서 오늘 이 순간 아름답고 보람있게 살려는 것입니다.

이것을 좀 더 크게 보면 세상의 모든 삶은 둥글레 삶입니다.

순간이 모여서 시간時間이 되고 시간時間은 다시 둥글레 삶이 됩니다.

시간時間 속에는 시작과 끝이 있었는데 둥글레 삶이 되니 또다시 시작과 끝이 없어지고 맙니다.

낮이 가면 밤이 오고 밤이 가면 또 낮이 옵니다.

하찮은 미물도 생로병사가 있고 대우주에도 생로병사가 있습니다.

나는 죽어 모든 것이 끝나는가 했는데 수많은 흔적이 되어 또 다른 무엇인가로 흩어져 태어납니다.

둥글레 삶 속에는 생로병사가 또다시 생로병사로 이어집니다.

삶의 질을 결정하는 것은 결국 순간입니다.

어느 시간 동안 드러난 변화된 모습은 순간순간의 흔적입니다.

순간에 충실하면 만사가 순조롭습니다.

무엇을 어떻게 하는 것이 충실한 것일까요?

그것은 한가지로 콕 집어 말할 수 있는 것이 아닙니다.

각자가 처음부터 타고 나거나 살면서 배우고 익히거나 해야 할 일입니다.
제각각 배우고 익히고 터득한 방법으로
순간에 충실한 삶을 살아야겠습니다.

오늘 하루도
그리고 올 한해도
알차고 충실하게 살아야겠습니다.

2013년 1월

아주 가끔은

　　　　　　　　　　세상만사는 판단하기에 따라 다를 수는 있지만, 시시비비가 있기 마련인데 그 시시비비에 너무 민감하다 보면 가정에서나 사회에서나 서로 융화하여 살기가 힘든 경우가 더 많습니다.
옳고 그름을 따진다는 말 자체가 하는 사람은 쉽게 할지 몰라도 듣는 사람은 결코 상쾌하지 않기 때문입니다.
그렇다고 그저 좋은 게 좋다고 언제까지나 보고도 못 본 척 듣고도 못 들은 척해서는 안됩니다.
요즘 같은 세상에 마냥 그렇게 하면 마치 옳고 그름을 판단도 못 하는 그저 바보 숙맥쯤으로 알고 얕보고, 막 대하고, 조심하지 않는 경향이 있습니다.

그래서 가끔은 그렇지 않다는 모습을 보일 필요가 있습니다.
여기서 가끔이란 말이 아주 중요하며 아주 가끔은 옳고 그름에 대한 자신의 입장을 내세울 필요가 있다는 것입니다.
그 옳고 그름을 가리는 것이 부드러운 말과 행동으로도 상대가 이해하고 받아들이면 참으로 다행입니다.
그러나 그렇지 못하고 이 방법 저 방법으로도 되지 않을 때에는 전혀 예상치 못한 방법으로 과격하게 할 수도 있습니다.
이것을 충격요법이라 말하겠습니다.
이렇게 예상하지 못한 방법으로 상대에게 내 생각을 전하게 되면 상대는 갑자기 놀라고 당황하기도 하고, 괘씸하고 서운하기도 하고, 정나미가 떨어질 수도 있습니다.
따라서 이럴 때는 반드시 그 틀어진 마음을 풀어주어야 하며 그 시간은 짧을수록 좋습니다.
'내가 괜히 큰소리쳐서 미안해' 하던지 '내가 갑자기 그렇게 해서 놀랐지, 미안해' 하던지 방법은 여러가지이며 중요한 것은 그것의 옳고 그름의 여부를 떠나서 가능한 한 빨리 풀어주라는 것입니다.

이렇게 해 놓으면 상대는 나를 바보 숙맥으로 생각하지 않습니다.
뭐 하나를 해도 나를 의식하고 조심하게 됩니다.
그리고 그때그때 옳고 그름을 들춰내어 따지지 않으니 분위기를 자주 험악하게 하지도 않습니다.

이것은 모든 사람과의 관계에서 필요하지만, 특히 가정에서 더욱 필요합니다.
옳고 그름이 분명하다고 해도 말로써 드러냄이 잦으면 잔소리가 되기 쉽고 말을 너무 아끼면 존재감이 없어집니다.
긴장만 하면 너무 삭막해지고 이완하여 늘어지기만 하면 가정의 틀이 깨어집니다.

가족 구성원끼리 적당하게 긴장하고 적당하게 이완하면 생동감이 살아납니다.

서로 간에 적당하게 긴장하고 적당하게 이완시키는 방법으로 아주 가끔 옳고 그름에 대한 자기주장을 강하게 할 필요가 있습니다.

아주 가끔은 말입니다.

2013년 4월

우리 부부는

나는 내 돈 네 돈 구별 없이 모두가 우리 돈인데, 아내는 내 돈은 내 돈이고 네 돈은 네 돈이 분명합니다.
나는 내가 못 벌면 네가 벌어 생활하고 네가 못 벌면 내가 벌어 생활하면 된다고 생각하는데, 아내는 네가 버는 돈으로는 가정을 꾸리고 내가 벌어서는 저축을 하여야 한다고 생각합니다.
그러니 나는 돈을 벌 때나 못 벌 때나 항상 여유롭고 걱정이 없는데, 아내는 항상 경제활동을 하여야 하고 그렇지 못하면 불안하고 초조해합니다.
아내는 무엇인가를 쌓아놓지 못하면 답답해하는 사람이고, 나는 부족하면 나누어 쓰면 되는 것으로 생각하는 사람입니다.

이렇게 서로 다르다 보니 결혼하고 한참 동안은 왠지 불편하고 개운하지가 못했습니다.
어떤 때는 내가 손해 보는 것 같아서 그런 아내가 밉기도 하고, 서운하기도 하고, 어떤 때는 아내를 오해하기도 했습니다.
나는 아내보고 왜 그러냐고 따지기도 하고, 아내는 그런 나를 보고 이상한 사람이라고 말하곤 했습니다.

세월이 흘러 결혼한 지 30년 세월입니다.
이제는 조금씩 서로 변하여 나는 그런 아내를 미워하지도, 서운해하지도, 오해하지도 않습니다.
아내의 그런 마음을 이해했기 때문입니다.
나는 10년도 훨씬 전에 집을 아내 앞으로 해 주었습니다.
처음에는 깜짝 놀라던 아내도 지금은 아내 집이어서 좋아하고 나는 우리 집이어서 만족해합니다.
누가 봐도 잘못된 일이 아니라면 서로 다른 것을 내 쪽으로 같게 만들려는 욕심이 앞설 때는 마음을 힘들고 아프게 하더니, 상대 쪽으로 맞추어 주고 그럴 수도 있는 것이라 생각하니 마음이 아프지를 않습니다.
그렇게 사는 동안 나는 아내에게 버팀목이 되어주었고, 아내는 나를 여유롭게 해주었습니다.
지금은 그런 아내가 고맙게 느껴집니다.

서로 같으면 한마음이 되어 그쪽으로 나아가는 데 힘이 될 수는 있지만 억제하고 견제하는 기능이 부족할 수 있습니다.
서로 다른 것을 맞추어 나가는 과정은 긴장과 조정의 연속입니다.
언제나 시끌벅적합니다.
그러나 시끌벅적하여야 그다음이 조용해질 수 있습니다.
긴장과 조정 후에 맞이하는 안정은 한 단계 발전된 안정입니다.

서로 다르다는 것이 삶을 풍요롭게 하고 발전시키는 힘이 될 수 있다는 것을 오늘도 생각해 보는 나입니다.

2014년 3월

음수사원飲水思源

원래 음수사원飲水思源은 물을 마실 때는 그 물이 내 목에 들어가기 전까지의 많은 인연을 생각하고 고마워하라는 말입니다.

그 물이 그곳에서 펑펑 솟아 나오게 한 신에 대한 고마움, 거기에 우물을 판 사람의 고마움, 그 물을 떠다 준 사람의 고마움, 그 물을 담을 수 있는 그릇을 만들어 준 사람의 고마움 등 등…….

오늘의 나를 있게 한 부모님, 선생님, 그리고 주변의 수많은 고마운 사람들을 생각하고 한번 맺은 인연은 끝까지 간직하는 아름다운 마음을 가져야 한다는 말입니다.

그런데 2015년 봄의 음수사원飲水思源은 그렇지 않습니다.

그 물의 근원이 감로인지 독약을 탄 것인지를 살펴보라는 의미로 자꾸만 해석됩니다.

그 돈이 어떤 돈인지를 생각하고, 먹어도 되는 돈인지 먹으면 큰일 나는 돈인지를 구별할 줄 알아야 한다는 의미로 말입니다.

권력 언저리에서 먹어서는 안 될 돈을 살피지 않고 먹고 나서 고생하는 사람이 참 많은 세상입니다.

특히 이 봄에는 더욱 그렇습니다.

2015년 5월

허허실실虛虛實實을 체험하다

상대가 있는 집단에서 내가 어중간하게 보이면 상대의 공격을 받기 쉽습니다.
또한, 나의 어중간한 정도가 고스란히 상대에게 노출되면 내가 이길 확률은 거의 없습니다.
그러나 실제보다 훨씬 더 약하게 보이게 한다든가 훨씬 더 강하게 보이게 하면 사정은 달라집니다.

나의 실력을 숨기고 훨씬 약하게 보이게 하면 상대는 그만큼 방심하고 나를 공격할 테니 내가 싸워 이길 수 있으며, 실제보다 훨씬 더 강하게 보이게 하면 상대는 쉽게 나를 공격하지 못하여 싸우지 않고도 나를 지킬 수 있습니다.

따라서 후자가 상책인데 나는 이번 여름휴가에 허허실실虛虛實實 중에 후자의 실실實實을 직접 체험할 수 있었습니다.

휴가를 잘 마치고 집에 와보니 현관문이 활짝 열려있습니다.

아파트 현관문을 활짝 열어놓고 몇 가지 짐을 내놓은 다음에 문이 열린 것을 깜빡 잊고 엘리베이터에 짐을 싣고는 그대로 가버렸던 것입니다.

아내는 주저앉았고 나는 크게 놀랐습니다.
잠시 후에 집안을 살펴보니 아무도 들어온 흔적이 없습니다. 참으로 다행입니다.
그러고 나서 떠오른 단어가 허허실실虛虛實實입니다.

남의 집에 침입하여 해를 입힐 수 있는 사람은 도둑과 강도가 있지만, 비스듬히 열어놓은 것도 아니고 현관문 각도를 90도 넘게 활짝 열어놓은 집 앞이라면 우선 이런 생각부터 할 것 같습니다.

사람이 있을까 없을까, 몇 사람이나 있을까, 안에 있는 사람이 건장한 남자일까 허약한 여성일까, 마중 나갔던 주인이 여러 손님과 함께 우르르 몰려오는 것은 아닐까 등을 생각해 보면 그만큼 성공할 확률보다 실패할 확률이 높다는 것을 알게 되어 쉽게 들어갈 수 없었을 것 같습니다.

결국, 문을 활짝 열어놓을 정도로 자신감이 충만하여 실實한 정도를 더욱 실實하게 하여 상대로 하여금 감히 넘볼 수 없도록 한 것입니다.

의도적으로 한 일은 아니었지만 나는 현관문을 활짝 열어놓고도 아무 탈 없이 5일간의 여름휴가를 즐기는 실실實實의 병법을 체험할 수 있었습니다.

2016년 8월

눈치 볼 일이 많은 세상

아들이 결혼을 하게 되어 청첩장
을 돌리면서 눈치 볼 일이 생겼습니다.
형제와 처가에 결혼하지 못한 조카들이 있기 때문입니다.
조카들은 두 명이나 40대 중반인데도 아직 결혼을 못 했고,
처조카도 40이 다 되었는데도 결혼을 못했습니다.
청첩장을 주고 나오는 내 뒤가 허전합니다.

요즘은 그런 세상입니다.

2016년 9월

말이 많으면

귀와 눈은 들어서 채우는 것이고 입은 내뱉어서 속을 비우는 것입니다. 음식을 먹어 채우기도 하지만 그것을 말하는 것이 아닙니다.

그러니 말이 많은 사람은 속이 자꾸만 비게 되어 마침내 거덜 나게 됩니다.
눈으로 보고 귀로 들어서 쉼 없이 속을 채우는 노력이 필요한 이유입니다.
누구를 가르치는 사람이나 유명한 강사의 모습을 보면 알 수 있습니다. 채우지 않고 내뱉기만 하는 교수나 강사는 금세 속이 비어 허전하고 마침내 가치를 잃게 됩니다.

채우는 것도 중요하지만 비우는 것도 중요합니다.
입을 적당히 닫고 적당히 열어서 속을 텅 비게 하지는 말아야 합니다.
채우면서 내뱉어도 자칫하면 속이 빌 수 있는데 채우지 않고 내뱉으면 속이 거덜 나고 없는 것까지 만들어 내뱉으면 속을 할퀴어 상하게 합니다.

여기서 속은 마음이며 입은 마음의 문입니다.
많이 보고 듣고 느껴서 쉼 없이 속을 채우고, 조금 덜 말하여 속을 거덜 나지 않게 하는 것이 삶의 지혜입니다.

2017년 6월

바라는 사람과
바람직한 사회

보는 시각에 따라 여러 가지 방법으로 구분하겠지만 나는 스스로 드러나는 것과 일부러 들어내는 것을 살펴서 사람의 품격을 구분해 봅니다.

상등품의 사람입니다. 이는 속을 채워 스스로 드러나는 사람입니다. 이들의 삶은 자신을 들어내는 쪽보다는 채우는 쪽에 관심이 더 큽니다. 구도자나 성인이며 군자의 모습입니다. 차고 넘치면 그 빛과 향기가 온누리에 퍼지고 멀리서도 그 빛을 보고 그 향기를 맡은 사람들이 구름처럼 밀려듭니다. 현실에 뛰어들어 구제의 길에 나서기도 하지만 정작 본인은 이런 상황이 싫어서 그 자리를 피하는 경우가 많습니다.

중등품의 사람입니다. 이는 속을 채워 드러나는 부분과 속에 있는 것을 일부러 끄집어내 들어내는 부분이 함께하여 어느 정도 균형을 이루는 사람입니다. 속을 채워 알차게 하고 필요하면 자신을 드러내 남에게 보이는 것도 싫어하지 않습니다. 많은 사람이 그 정도의 차이는 있겠지만 여기에 속할 수 있습니다. 사회를 지탱하는 힘이며 근간입니다. 누구나 바라는 사람입니다.

하등품의 사람입니다. 이는 속을 채우는 일은 게을리하고 속을 드러내는 일에 관심이 더 많은 사람입니다. 말이 많고 행동이 과장되기 쉬우며 사람이 많은 곳을 특히 좋아합니다. 이러한 성향을 가진 사람이 속을 채우는 데에도 크게 부지런하면 참으로 좋은 결과가 기대되지만, 그 심성이 따라주지 못하여 그렇게 하지 못합니다. 심지어 없는 것도 지어서 드러내니 속을 상하기 쉽습니다.

대부분의 사람은 그 정도의 차이는 있겠지만 중등품의 사람입니다.
건전한 중등품의 사람이 많은 사회가 크게 발전할 수 있습니다.
중등품의 사람이 상등품이 되기 위해서는 특별한 마음의 준비가 필요하지만 하등품이 되기 위하여 특별히 준비할 것은 없습니다. 그냥 자칫 방심하면 그렇게 되기 때문이지요.
상등품이 되기는 어렵고 하등품이 되기는 쉬우니 그만큼 자칫하면 하등품의 사회가 되기도 쉽다는 말이 됩니다.
따라서 끊임없이 보고 듣고 느껴서 속을 채우고 채워진 것들을 적당히 들어내어 자신을 알리는 삶의 자세가 필요합니다.

그런 사람이 많은 사회가 바람직한 사회입니다.

2017년 7월

일체유심조
一切唯心造

우리나라 배우가 프랑스 칸에서 여우주연상을 받았다는 영화 '밀양'을 보았습니다. 유괴 살해된 자식을 가진 주인공이 고통 속에 지내다가 '하나님'을 받아들이고 마음의 평화를 얻으며 모든 것을 '하나님'의 뜻대로 살기로 하고 범인을 용서하기 위해서 감옥을 찾습니다.

면회장에서 범인이 말합니다. '어머님께서도 하나님을 받아들이셨군요. 저도 벌써 하나님을 받아들였으며, 하나님을 받아들인 후부터는 마음이 얼마나 평화로운지 모릅니다. 하나님께서는 이 못난 사람의 죄업을 모조리 용서해 주셨습니다. 얼마나 감사한지 모릅니다.' 이 소리를 듣는 순간 주인공은 절망과 분노에 휩싸이며 다시금 마음의 평정을 잃게 됩니다. '하나님'은 나를 대신해서, 나보다 먼저, 그의 죄를 용서해 줄 수 있단 말인가?

어느 순간에 용서의 마음은 증오의 마음으로 바꾸어 버립니다. '하나님의 뜻대로 살아야지 / 범인을 용서해야지 / 하나님이 나보다 먼저 그를 용서해 줄 수가 있단 말인가(내 몫을 하나님이 빼앗을 수가 있나)? / 나는 고통 속에 헤맬 때 그는 하나님이 용서해 줘서 평화로웠다니 말도 안 돼 / 용서할 수 없어 / ' 주인공의 마음은 이렇듯이 복잡하게 변하고 있지만, 정작 변한 것은 아무것도 없습니다.

주인공이 범인을 찾아가서 '당신보다 먼저 하나님께서 내 죄를 용서해 주셨다'는 말을 듣지 못했다면, 주인공의 마음의 평화가 그토록 쉽게 깨어지지는 않았을 것입니다. 물론 마음의 평화란 것도 '하나님'을 맞아들인 사건으로 시작되긴 했지만……. 모든 것은 밖으로부터 들어온 것이 아니고, 내 마음으로부터 시작되는 것입니다.

밖으로부터 들어오는 것은 안에 있는 내 마음이 움직이는 데 작은 도움만 주었을 뿐입니다. 크게만 느껴지던 밖으로부터의 끊임없는 자극들이 점차 작아져 보일 때 일체유심조—切唯心造의 의미는 새롭게 느껴질 것입니다. 일체의 모든 것은 오로지 마음으로 지어내는 것입니다.

2007년 7월

다종교 시대에

2007년 8월 24일 자 조선일보에 신선한 기사가 실렸습니다. <인도철학 연구로 박사학위 받은 신부님>이란 제하의 짧은 기사입니다. 주인공은 박문성 신부이며, '종교 간 대화와 화합이 필요한 다종교 시대에 깊이 있는 학습과 식견 없이는 상대 종교에 대한 적확한 이해가 어렵다'는 생각으로 12세기 인도의 한 우화극 속에 담긴 해탈관에 관해 연구해서 얻은 학위랍니다.

한마디로 기독교 계통의 천주교 신부가 불교 계통의 뿌리라 할 수 있는 인도 철학을 연구했다는 얘기입니다.

이런 기사를 보면서 나는 오래전 어느 절에서 있을 때의 일이 생각납니다. 그때는 겨울이었습니다. 밤새 눈이 소복하게 쌓이고, 산새들도 아직 잠에서 깨어나지 못한 조용하기만 한 그런 이른 새벽이었습니다.
스님께서 이제 막 새벽 예불을 마친 그런 시간이었습니다. 밖에서 느닷없이 '주 예수를 믿어라. 할렐루야… 왁자지껄' 한참을 그렇게 같은 말을 반복하더니 조용해졌습니다. 모두 내려간 모양이었습니다. 스님 말로는 아랫동네에 사는 특정 종교의 신자들이 가끔 이런 일을 한다고 하며, 그때마다 그냥 내버려 둔다고 했습니다.

나는 그저 '그 사람들 참 부지런도 하구나'하고 생각했던 기억이 있습니다. 그런 일이 있은 지 한참 후에 기독교에 대단한 믿음을 가진 나의 친구에게 절에서 있었던 얘기를 한 적이 있습니다.

그런데 친구는 당연하다는 반응이었습니다. '타 종교인은 예수님의 가르침과는 가장 먼 곳으로 자꾸만 가고 있을 뿐만 아니라(일반인들에 비해서도) 갈 길을 제대로 못 찾은 많은 방황하는 사람까지도 예수님의 가르침과는 아주 먼 곳으로 잘못 인도하는 역할까지 하고 있기 때문에 인도해야 할 0순위 대상자는 타 종교인'이라는 것입니다.

물론 내 친구의 말에 어떤 비중을 두자는 얘기는 아닙니다. 그럴만한 위치에 있지도 않고 그냥 친구끼리 나눈 대화 정도일 뿐이니까요.

그러나 요즘 해외 선교라고 알려진 여러 가지 사례들을 보면서 어느 정도는 느낌이 와닿는 면도 있는 것 같기에 예를 들어본 것입니다.

종교나 정치나 추구하는 바는 한결같이 '화합과 하나 됨'인데 실제로는 '분열과 갈라지고 쪼개짐'의 모습이 더 많아 보이는 것이 요즘 현실입니다. 다른 종교를 완전히 무시하고 인정하려 하지 않는 듯한 ㅈ모 목사의 설교를 TV에서 들어 보기도 했지만, 그래도 요즘은 예수님 탄생일에 불교계에서 축복해 주고, 부처님 탄생일에 추기경이 축복해 주는 아름다운(내 눈에는) 모습을 봅니다.
무소유로 유명한 법정 스님과 천주교의 교류는 익히 잘 알려진 얘기이며 길상사의 관음보살상은 성모상을 느낄 수 있는 모습으로 모셔져 있습니다.
다른 나라에서도 그렇게 하고 있는지는 모르는 일이지만 우리나라에서의 그런 모습이 나의 눈에는 참으로 예쁘게만 보입니다.
게다가 오늘 신부가 '종교 간 대화와 화합이 필요한 다종교 시대'를 언급하며, 불교의 뿌리를 연구하여 박사학위를 받았다는 기사를 보고나니 괜히 기쁜 마음에 몇 자 적어 봅니다.

2007년 8월

정말 살아보고
싶은 나라

어디냐고요?
덴마크입니다.
'인어공주'로 유명한 인구 540만의 작은 나라입니다.

'세계행복지수'가 전 세계 95개국 중에서 1위랍니다.

일자리 걱정이 없는 나라랍니다.
게다가 일자리를 잃어도 걱정이 없답니다.
실업수당이 월급의 80%까지, 그것도 최장 4년까지 나오고 나라에서 수시로 취업 재교육도 해주고 자식들 학비도 대학까지 공짜이며 아파서 병원에 가도 부담이 없답니다.
이런 나라에 사는 국민은 참으로 행복할 것 같습니다.

그런데 이런 나라가 그냥 될 리가 없지요.
2007년 세계투명성기구의 '부패인식지수'에서 전 세계 180개국 중 1위를 차지했답니다.

부정부패가 없는 나라이지요.

우리나라의 '부패인식지수'는 세계 43위라 합니다.
50% 안에 들었군요.
이쯤 되면 좋은 축에 든다고 봐야 하나요?
못한 나라들에 비하면 억지로 위안을 받을 수 있겠습니다.
그러나 한참 부족한 것은 사실이지요.
'아직 멀었다'는 얘기입니다.

오늘 아침 나는 덴마크 같은 나라에서 한 번쯤은 살아보고 싶다는 생각을 해 보았습니다.

2007년 10월

괜히 차별한다는 것은 나쁜 일입니다

남으로부터 차별받는다는 것은 나를 힘들게 합니다. 능력이나 하는 일이 달라서 당연히 받게 되는 차별이라면 그래도 견딜 만 하겠지만 능력도 같고 하는 일도 같다고 생각하는데 이유 없이 차별을 받는다는 것은 참기 힘든 일입니다.
그냥 참기 힘든 정도가 아니라 온몸에 힘이 쫙 빠지고 매사에 의욕을 잃게 되는 지경까지 이르게 합니다.

그런데 이렇게 나쁜 영향을 주는 '차별'이 주변 어디에서나 일어난다는 것이 문제입니다.
직장에서, 사회에서, 집단에서, 심지어는 가정 내에서도 알게 모르게 흔히 일어나고 있습니다.

원숭이도 차별은 싫어한답니다.
미국의 에모리대학의 메간 밴 월컨튼 교수와 조지아 주립대학의 사라 부로스논 박사가 원숭이에게 먹는 음식을 가지고 실험을 하였습니다.

같은 음식을 똑같이 나누어 주었을 때와, 좋아하는 정도가 각기 다른 음식을 나누어 주면서 그 양까지도 차별해본 결과, 같은 음식을 나누어 줄 때는 아무 문제가 없었으나, 차별하여 음식을 나누어 주었을 땐 차별을 받은 원숭이 집단은 차별적 대우에 크게 반발하며 광분에 가까운 분노를 나타내었답니다.

직장인들은 월급봉투가 두꺼워지는 것을 가장 좋아합니다. 일하고 받는 급여가 많은 곳을 찾아서 이리저리 옮겨 다니기도 합니다.
그런데 그 속을 가만히 들여다보면 월급봉투가 두꺼워지는 것을 좋아하면서도, 그보다 훨씬 더 남과 차별 대우받는 것을 싫어합니다.
월급봉투에 코가 꿰인 사람은 울며 겨자 먹기로 살 수도 있겠으나, 울면서도 겨자를 먹어야 하는 그 사람의 심정만은 달라진 것이 하나도 없습니다.

살다 보면 개개의 차이를 인정해야 하는 일이 많습니다. 어찌 보면 이러한 차이를 인정한다는 것이 사회를 지탱해 주는 힘이 될 수도 있습니다.
그러나 그것은 내가 이곳에서 강조하고자 하는 '차별'이란 것하고는 다른 것입니다.
'차별받기 싫으면 인정받으려고 노력하라'가 아닙니다.
삿된 생각을 가지고 상대를 업신여기며, 납득할만한 이유 없이 상대를 구분하여 대함을 말하는 것입니다.

대하는 입장에서야 자기 마음대로 하는 일일 수 있겠지만 대함을 받는 입장에서는 마음의 상처가 클 수밖에 없습니다.

남에게 차별하여 대하지 않는다는 것은 나도 모르는 사이에 남의 마음에 깊은 상처를 안겨 주지도 않을 뿐만 아니라 자기의 마음까지도 맑고 깨끗하게 해주는 귀한 일이 될 것입니다.

2007년 11월

제2부
봄 여름
가을 겨울

가을의 문턱에 서서

오늘이 벌써 입추입니다. 아직도 후덥지근하고 무더위가 기승을 부리고 있지만, 계절은 가을 문턱을 넘고 있습니다.
이 가을 문턱에 서서 나는 조용히 사색의 시간을 갖습니다.

'봄 여름 가을 겨울'이란 말은 어떤 의미를 가지고 생겨났을까?
그 사색의 결과를 나의 식으로 정리해 봅니다.

봄은 보다-보옴-망멑(희망-바라다)을 생각하게 합니다.
봄이 되면 천지사방에 꽃이 피고 참으로 볼 것이 많습니다.
또한, 희망의 계절이니 바라는 것도 많을 것입니다.
본다는 것은 문을 열고 내 쪽에서 바깥쪽을 보는 것이니 마음을 여는 것입니다.
앞을 바라봄입니다.
영어의 spring이 튀어 오르다-용솟음-샘물-희망-근원인 것과 많이도 비슷합니다.

여름은 열다-열음-열매(원래 열매의 옛말은 여름임)-실實(열매)을 생각하게 합니다.
여름이 되면 꽃은 지고 잎이 무성하고 열매가 열어 무엇이든지 풍성한 계절입니다.
사방천지가 풍성하니 부족함이 없을 것 같습니다.
풍성한 열매를 열다-입니다
영어의 summer가 한창-피어오름인 것과 많이도 비슷합니다.

가을은 가다-갈-갈색(이때의 갈은 가을)-락落(떨어지다)을 생각하게 합니다.
결실의 계절이니 모든 것이 풍성하고 아쉬움이 없을 것 같은 시절입니다.
그러나 가을이 되면 모든 것이 쓸쓸하게도 내 곁을 떠나가는 것 같습니다.
그토록 푸르던 잎은 낙엽이 되어 떨어지고 가슴 속 한쪽은 허전함이 자리를 잡습니다.
떨어져 어디론가 가는 것입니다.
잠시라도 머무는 것이 있다면 그 자체만으로 감사한 일입니다.
영어의 autumn이나 fall이 성숙-수확-낙엽-떨어짐인 것과 많이도 비슷합니다.
겨울은 겨우(가까스로 힘들게)-결結(끝맺음)을 생각하게 합니다.
옛날에 겨울은 참으로 살기 힘든 시절이었을 것입니다.
춥기도 하고 먹을 것도 부족하니 모든 것이 위축되고 쪼그라들어 겨우 가까스로 힘들게 살아야 하는 시기입니다.

살기 위해서 위축하는 것이며, 위축한다는 것은 안으로 내실을 다짐이니 밖의 인연에 마음을 두지 않습니다.
겨우겨우 살다가 그것도 안 되면 삶을 종결시키고야 말 것입니다.
영어의 winter가 만년-얼다-위축하다 인 것과 많이도 비슷합니다.

우리의 삶도 이와 같습니다.
볼 것도 많고 호기심도 많고 바라는 것도 많은
희망찬 어린 시절이 있고 望
무럭무럭 자라서 무엇이든지 할 수 있을 것 같은
패기 넘치는 청장년 시절도 있으며 實
어느덧 희끗희끗 흰머리가 늘고
지금까지 쌓고 피워 다듬었던 삶의 흔적들이
하나씩 하나씩 떠나가고 떨어지다가 落
누구 말대로 삶을 아름답게 마무리하는 시절 結을 맞을 것입니다.

지금 나는 꽉 찬 50대입니다.
이때가 되면 직장을 가진 친구들도 정년을 헤아리는 나이이며 자영업을 하는 친구들도 자기단속을 하는 시기입니다.
계절로 치자면 가을이니 가을에는 가을에 맞는 삶이 있습니다.

대부분의 흔한 꽃들은 봄에 핍니다.
철모르고 가을에 핀 진달래꽃이 때맞춰 내린 찬 서리에 꽃의 영광보다는 혹독한 시련을 맛보기가 십상이듯이 같은 꿈을 꾸더라도

20대가 하면 희망이 되고 60대가 하면 과욕이 되어 큰 낭패를 보는 경우가 많습니다.

가을이 되어 낙엽이 자연스럽게 떨어져 나가듯이 지금까지 지탱해 주었던 지위나 삶의 아름다운 흔적들이 하나씩 하나씩 떨어져 나가는 것이 너무나 자연스러운 일입니다.

가을 단풍이 이파리 하나라도 붙어 있으려면 내가 발버둥 쳐서 되는 일이 아니고 남이 도와줘야(환경-온도가 높게 유지되어야) 하는 것임을 깨닫는 나이입니다.

다시 말하면 나의 삶이라 하지만 주변 환경이 그만큼 더 큰 영향을 주는 시기라는 말입니다.

이파리 하나라도 붙어 있을 수 있다면 그 자체만으로도 그런 환경이 고마운 일입니다.

자연의 가을과 같이 사람의 가을도 주변 환경에 감사하는 마음이 필요한 시기입니다.

이파리 하나가 떨어져 나가는 것을 아쉬워하기보다는 지금까지 그 이파리가 붙어 있을 수 있었음에 감사하는 마음입니다.

가을은 감사의 계절입니다.

2010년 8월

낙엽

파아란 것은 티 없이 맑음
붉은 것은 덕지덕지 세속의 찌든 때(홍진-紅塵)
파아란 나뭇잎이 붉게 물듦은
청정무구의 세상을 살면서 세속의 찌든 때를 몸으로 닦아 자신을
더럽힘.

자신을 더럽혀 세상을 정화함이니
단풍은 인仁의 완성.

낙엽은
완성된 인仁의 마지막 가는 길
그저 미련 없이 훨훨 떠나간다.

너는 그저 가는데
나는 이리 서늘하다.

2010년 11월

깊어가는 가을밤에

만산홍엽이 한 줄기 바람에 떨어져 나뒹구니
그 모습이 더욱 서늘해 보인다.

이 낙엽을 긁어모아 밤새도록 곁에 두고
서로 살아온 삶의 이야기를 나누고 싶다.

천인천색이요 만인만색이니
그 낙엽 마다마다가 하는 말이 다 다르리라.

오늘 밤은 저 많은 낙엽과 벗하게 생겼으니
어찌 시간 가는 줄을 알리오.

가을밤은 하염없이 깊어만 가고
낙엽 떨어지는 소리만 점점 더 크게 들린다.

2010년 11월

봄꽃보다 가을 단풍이
더 아름답습니다.

봄이 되면 온갖 꽃들이 형형색색
으로 자태를 드러냅니다. 빨강도 있고 노랑도 있습니다. 모양도 다르
고 색도 다르고 그 드러내 보이는 모습은 제각각이지만 보는 사람들
눈에는 한결같이 예쁘고 아름답습니다.

가을에는 또 다른 아름다움이 있습니다.
여름내 푸르르던 나뭇잎들이 새로운 옷으로 갈아입기 시작합니다.
어떤 것은 붉은 색이 더 드러나 보이고 어떤 것은 노란빛이 더 드러
나 보이지만 콕 집어서 노랗다 붉다고 말하기 어려운 색입니다.
거무튀튀하기도 하고 붉그레죽죽하기도 합니다.
노리끼리하기도 하고 푸르딩딩 숨어있기도 합니다.

봄꽃은 자신을 마음껏 드러내 보여서 만물을 유혹하려 합니다.
벌도 불러야 하고 나비도 불러야 합니다.
그래서 빼어나게 아름답습니다.
가을 단풍은 스스로 감추고 여미려 합니다.

영화도 누려보고 시련도 겪어 보았으니 이제는 조용히 뒤를 돌아보는 것입니다.
그래서 겸손하고 은은합니다.
어떤 이는 가을 단풍을 마지막 불꽃을 사르는 것이라 하지만 나는 겸손함과 은은함의 결정체라고 말하고 싶습니다.

겸손함은 어디서 나올까요?
세월이 흘러 치이고 부대끼면서도 갈고 닦음이 있어야 그 속에서 겸손함이 싹틉니다.
젊어서 겸손한 것은 배워서 겸손한 것이고, 나이 들어 겸손한 것은 느껴서 겸손해진 것입니다.
겸손함이 자리 잡고 나면 그 속에서 은은함이 배어 나옵니다.
빼어나서 아름다운 것도 좋지만 겸손하여 은은한 것은 더욱 좋습니다.

깊어가는 가을입니다.
단풍을 즐기려는 사람들로 전국의 산하는 북새통입니다.
보고, 즐기는 가운데 느끼면 더욱 좋을 것입니다.
인생도 60이 넘으면 가을 단풍입니다.
시간으로도 그렇고 모습으로도 그렇습니다.
지나온 연륜이 느껴지고 살아온 풍상이 보입니다.
어떤 색이라고 분명히 드러나 보이지는 않지만,
전체적으로 뭉뚱그려 놓고 보면 아름답고 조화롭습니다.
환갑을 넘기는 나의 감회가 더욱 새롭습니다.

봄꽃보다 더 아름다운 건 가을 단풍입니다.

2013년 10월

가을입니다.

맛있는 음식을 먹을 때나 아주 좋은 경치를 볼때 곁에서 함께 먹고 싶고 그 좋은 경치를 함께 보고 싶은 사람이 있게 됩니다. 그것이 아내(남편)일 수도 있고 가족일 수도 있으며 연인일 수도 있습니다.
마음속에 그린 사람을 곱씹으면 그리운 사람이 됩니다.
흔히들 가을을 사색의 계절이라 합니다.
여미고 거두는 모습이니 속으로 생각하는 것이 유난히 많아서 그런가 봅니다.
속으로 생각이 깊어지면 꼭꼭 숨어있던 그리움에 닿게 됩니다.
가슴 속 그리움을 조심스럽게 들추어서 가을을 느껴보는 것도 아름다운 일입니다.

잊어야 하는데 잊지 못하고 그것이 남아있으면 그리움이 됩니다.
그리움의 대상은 언제나 좋은 추억거리입니다.
그리움에 파묻히면 힘들어지지만
그리움을 즐기면 삶이 풍요로워집니다.

그리움만 많은 사람은 외로운 사람일 수 있지만
그리움이 없는 사람은 더욱 외로운 사람이기 쉽습니다.

깊어가는 가을입니다.
이 가을에 그리움을 반겨보시기 바랍니다.
스쳐 가는 풀벌레 소리
넓고 횅하게 뚫린 도로도 그리움을 부르는 데 도움이 됩니다.
망각이란 잊어버리는 것
잊을 수 없어
망각을 맹세하는 마음의 슬픔이여!

몸과 마음으로
더욱 풍요로운 올가을이 되기 바랍니다.

2014년 11월

난초와 군자

흔히 난초를 선비 또는 군자에 비유합니다. 공자가어孔子家語나 굴원屈原의 초사楚辭에도 그 비유가 있습니다. 난초의 어떤 모습이 군자의 어떤 모습과 닮았길래 그러나 하고 관심을 두기 사작하면서 난초를 키우며 군자 운운하는 사람들과 얘기를 해 봐도 속 시원한 대답을 들을 수 없었습니다.
어떤 이는 그 향기가 그윽하다는 둥, 단아하고 청결한 자태라는 둥 설명을 하는데 마음에 쉽게 와 닿지를 않습니다.
향기가 그윽한 것이 난초 뿐은 아닐 테고, 어떤 것이 그윽한 향기인지도 모르겠고, 단아하고 청결한 자태라는 말도 도무지 이해할 수 없습니다. 공자와 굴원이라면 나의 궁금증을 단번에 해소시켜 줄 수 있겠지만 요즘 난초를 키우는 사람들에게서는 그 답을 들을 수 없었습니다.
나에게는 그저 자기 입맛에 맞는 말로 난초와 군자를 연결짓고 난초를 키우고 있는 자기 자신이 군자인 양 하는 것쯤으로 밖에 생각되지 않습니다.
아래는 내가 살펴본 난초의 모습과 특성입니다.

1. 난초는 부드러우면서도 강합니다.

강하면서도 부드러운 것이 아니고 부드러우면서도 강합니다. 잎 날의 모양은 넓은 것도 아니고 뾰족한 것도 아니고 적당히 곡선을 이루므로 부드러움이 느껴지지만 쉽게 꺾어지지 않습니다. 또한, 잎의 뻗음도 적당히 곧고 적당히 굽어서 부드러움을 느끼게 하지만 축 늘어진 모습은 찾을 수 없으니 강합니다.

그렇다고 갈대나 억새같이 남의 살을 베이지도 않고 쉽게 꺾어지지도 않습니다.

붓으로 친 난을 보면 부드러우면서도 강한 느낌을 느끼기에 충분합니다.

군자는 부드러우면서도 강하고 이유 없이 남을 해하지도 않으며 쉽게 꺾이지도 않습니다.

2. 난초는 물을 주지 않아서 마침내 죽게 되더라도 잎사귀의 모습을 흐트러뜨리지 않습니다.

그 모습 그대로 말라 죽습니다. 화분에 있는 난초에 물을 주지 않고 마르게 하면 색깔만 푸른색에서 갈색으로 변할 뿐 그 모습 그대로입니다. 물을 그렇게 많이 필요로 하지 않으면서 물이 있고 없고에 따라서 그 반응이 즉각적이지도 않고 느긋합니다.

군자는 죽어도 그 정신은 살아있습니다.

3. 난초는 특별히 양지를 좋아하거나 음지를 싫어하지 않습니다.

실내에서 화초를 키우면 대부분이 햇빛이 들어오는 쪽으로 잎을 뻗거나 그쪽으로 더 자라는 것을 알 수 있습니다. 그러나 난초는 그렇지 않습니다. 아무리 오래 두어도 음지쪽으로 뻗은 잎이 양지쪽으로 뒤틀려 향한다던가 음지는 허술하게 자라고 양지는 무성하게 자라는 모습을 볼 수 없습니다. 그저 그대로 음지와 양지의 구분이 없습니다.

군자는 영화를 탐하지 않습니다. 영화로운 곳이든 영화롭지 못한 곳이든 군자의 손길이 필요한 곳이면 어디든지 갑니다.

4. 난초의 향기는 누구나 좋아할 만하며 멀리 갑니다.

내가 보기에 난초의 꽃은 화려함과는 거리가 멉니다. 모습이나 색이나 화려함보다는 소박하다고 표현하는 게 맞을 것 같습니다. 관대를 하고 혓바닥을 내놓은 것 같다는 둥 하면서 얼마나 아름다운 꽃이냐고 말하지만 내 눈에는 그저 소박한 꽃으로만 보입니다. 선비니 뭐니 아무런 선입견도 없는 어린이와 다수의 어른에게 난초의 꽃을 보여주고 그 느낌을 물었더니 나의 견해와 거의 같음을 확인하였습니다. 그런데도 그런 꽃에서 나오는 향기는 참으로 좋기도 하고 멀리도 갑니다. 그 향기를 그윽하다고 표현하는 말에는 일리가 있다고 생각합니다.

군자는 그 모습이 중요한 게 아니고 그 향기가 중요합니다. 스스로 열심히 배우고 익혀서 갈고 닦으면 그 향내가 온누리로 퍼져 나아가 그 향기를 맡으려는 사람들로 산과 바다를 이룰 것입니다.

5. 난초는 억지로 잎을 붙들어 매어 1년 이상 지나도 풀어 놓으면 원래의 제 자리로 다시 돌아갑니다.

나는 별난 실험을 해보았습니다. 난초에는 미안한 일이지만 서쪽으로 뻗은 난초의 잎을 묶어서 동쪽으로 향하게 하고 1년 이상을 두었다가 풀어보았는데 그전 모습과 조금도 다르지 않은 방향으로 자리를 잡는 것을 보았습니다. 난초는 제 모습 그대로이지 누가 억지로 그 모습을 바꿀 수 없습니다.

군자는 스스로 자기 길을 가는 것이지 결코 외부의 힘에 굴하지 않습니다.

6. 난초의 뿌리는 굵고 단순합니다.

다른 풀과 나무의 뿌리와 같이 잔뿌리 굵은 뿌리가 없습니다. 그저 굵직한 뿌리 몇 개가 있을 뿐이며 그 깊이는 상대적으로 깊습니다. 군자는 마음 뿌리가 심란하지 않고, 굵고 단순하며 깊어서 예삿일에 쉽게 관심을 보이지 않으나 한번 마음을 쏟으면 철저하고 깊습니다.

7. 난초는 혹독한 환경을 견디고 나서야 꽃을 피웁니다.

일반 가정에서 난초 꽃을 피우는 경우를 보기 힘듭니다. 특히 아파트 베란다 등에서 키우는 난의 경우가 그런데 추운 겨울을 느낄 새가 없기 때문이다.

난초의 좋은 꽃을 보기 위해서는 겨울에는 일부러 밖에 내어놓아야 합니다. 심지어 냉장고에 넣어놓기도 합니다.

이렇게 보면 난초는 고진감래의 꽃입니다. 예수-석가-공자등이 그렇고 정약용이 그렇습니다.
군자는 극심한 고통을 견디고 난 후에야 천하에 향기로움을 전할 수 있습니다.

8. 난초의 잎은 참으로 오래 삽니다.
난초의 잎은 한 번 피고 나면 10년도 살 수 있습니다.
잎이 피어 일정 크기로 자라고 나면 성장을 멈춘 채 어떤 변화나 흐트러짐도 없이 그냥 그대로 오래 삽니다. 화초나 식물 중에 이렇게 오래 사는 잎을 가진 것이 또 있는지 모르겠습니다.
군자는 모습을 드러내어 한 번 피고 나면 그 자취가 오랫동안 남아 두고두고 여운을 남깁니다.

이처럼 살펴보았습니다.

2015년 4월

이 봄에 김소월의
진달래꽃을 감상해 본다

너무나 유명한 시입니다. 그 유명한 정도에 걸맞게 교과서적 풀이뿐만 아니라 그 감상도 넘쳐날 정도로 많습니다.
그러나 많은 사람의 온갖 감상들을 읽어보아도 나는 뭔지 모르게 아쉽고 마음에 쉽게 와닿는 감상문이 없었는데 마침내 나의 마음에 흡족한 감상법을 찾았습니다.
'영변에 약산 진달래꽃' 이 도대체 무엇일까를 화두처럼 되뇌다가 무릎을 치게 되었지요.

제목이 왜 '진달래꽃' 일까?
영변에는 약산이 있고, 약산에는 진달래꽃이 많으며, 소월과 영변과의 관계 등 일반적이고 교과서적인 설명으로는 부족합니다.
그리고 다른 꽃도 많은데 왜 하필이면 진달래꽃일까?
사물인 '진달래꽃'이 이 시의 전부입니다.
'진달래꽃'이 이 시의 주제어임에 틀림이 없습니다.
따라서 나는 진달래꽃을 주체로 하여 이렇게 감상해 봅니다.

진달래꽃은 추운 겨울을 딛고 이른 봄에 바위틈이나 산야에 일찌감치 피는 꽃입니다.
빨간색은 정열입니다.
온통 빨갛게 피지 못하고 연분홍으로 수줍은 듯 피어나는 진달래꽃은 아마도 사랑의 정열을 속에 숨기고 있는 것만 같습니다.
그러나 아무리 두텁게 싸매어도 속마음은 겉으로 피어나기 마련입니다.
정열은 속에 숨고 본색은 살며시 겉으로 드러납니다.

수줍어 수줍어 다 못 타는 연분홍이
부끄러 부끄러 바위틈에 숨어 피다
그나마 남이 볼세라 고대치고 마는 것이 진달래꽃입니다.

소월의 진달래꽃은 그런 나 자신입니다.
사랑하는 사람을 앞에 놓고도 사랑한다고 드러내어 표현하지 못하는 자신이며 표현을 하더라도 정열적이지 못하고 수줍은 듯 뒤로 숨어 연분홍 옅은 색으로 얼굴만 붉히는 자신입니다.
심지어 여기의 상대는 내가 자신을 사랑하고 있다는 것을 모를 수도 있습니다.

마음으로만 사랑하던 대상이 떠나려고 합니다.
당장이라도 달려가 사랑했노라고 말하고 싶은데 그게 쉽지가 않습니다.

또 수줍음이 발목을 잡습니다.

일분일초라도 더 당신과 함께하고 싶은데 무슨 도리가 없을까?

내가 당신의 양탄자가 되어 준다면 영원히 당신 길에 함께 할 수 있을 것만 같습니다.

나를 밟고 떠나가는 당신.

그렇게 해서라도

그 순간만이라도 당신을 느끼고 당신과 좀 더 오래 함께하고 싶습니다.

나보기가 역겨워 가실 때에는(우리는 서로 사랑했지, 근데 내가 싫어서 가는 거야? 드러내어 사랑하지 못했으니 상대는 그저 아무 일 없이 떠나갈 수도 있는데 마치 서로 열열히 사랑했던 것처럼 내가 그렇게라도 생각하고 싶은 거다.)

말없이 고이 보내드리오리다(내가 싫어서 떠난다고 해도 붙잡거나 그렇게 하지 않고 그냥 보내주겠어)

영변의 약산 진달래 꽃(내가 수줍어서 당신에게 사랑한다는 말조차 못 했지만)

아름 따다 가실 길에 뿌리오리다(당신의 떠나는 길에 나의 마음을 송두리째 양탄자 되어 깔아드리렵니다.)

가시는 걸음걸음 놓인 그 꽃을 사뿐히 즈려밟고 가시옵소서(당신은

가시는 걸음마다 이런 나의 마음을 밟고 가기만 하면 됩니다)

나보기가 역겨워 가실 때에는 죽어도 아니 눈물 흘리오리다(내가 자청하여 누워 만든 길이니 당신이 밟고 간다고 이를 원망할 리가 있겠소. 울기는 고사하고 이렇게라도 해서 당신 길에 함께하여 당신을 영원히 더 느끼고 싶은 것이 나의 심정이라오.)

이 사람의 속사랑이 참 아픕니다.
이 사람은 수줍음 많고 여리며 감정을 속으로 삭이는 사람입니다.
짝사랑이라도 하던 대상이라면 그가 훌쩍 떠나갈 때 이렇게라도 읊으며 마음을 달래던 주인공의 모습을 그려봅니다.
여기서 진달래꽃은 나이며 아마도 소월 자신은 아니었을까?

2016년 3월

제3부
이러쿵 저러쿵

과유불급過猶不及

원래 과유불급過猶不及의 과過는 지나치게 넘쳐남을 말합니다. 목적지가 있고 그 목적지를 향해 갈 때 목적지에 다다르기 직전은 불급不及, 목적지에 다다르면 급及, 목적지를 지나치면 과過라 이릅니다.

따라서 본래의 과유불급過猶不及은 지나치게 넘쳐남을 경계한 말입니다. '지나치면 좋을 것 같아도 그게 아니올시다'란 말이지요. 과過와 불급不及은 같은데, 과過하기 위해서는 그만큼 비용증가가 있었을 것이므로 결국 과過는 불급不及만도 못한 결과를 낳게 됩니다.

권력도 인생살이도 이와 같습니다. 욕심이 지나치면 안 된다 등의 용도로 쓰이곤 합니다. 욕심이나 추구하는 바를 줄이는 쪽으로 목표를 삼았을 때는 적당히 줄여야 하는 목표 지점을 지나면 이 또한 과過가 됩니다.

지나치게 부풀려졌든지 지나치게 줄여졌든지, 목표점(표준점)을 벗어난(지나친) '과過'라는 것이 항상 문제입니다. 개개인의 삶에서는 말할 것도 없거니와 권력 세계에서도 예외는 없습니다.

대통령 권력을 줄인다고 하더니 이제는 대통령 권력이 너무 지나치게 줄어서 문제가 되나 봅니다. 언제는 권력이 너무 강해서 문제이더니, 언제는 권력이 너무 없어서 문제라고 합니다.
권력이 너무 없게 되면 하극상이 생기고, 상급자는 이런 상황을 벗어나기 위해 무리수를 두게 됩니다. 악순환의 고리입니다.

이럴 때는 마음을 비우고 초연한 모습으로 10초 동안 묵묵히 쳐다보기만 하세요. 그리하면 아랫사람은 위 사람을 비웃지 않게 되고 관계는 빠르게 좋아질 것입니다. 가만히 쳐다보기만 함으로써 부족하던 권위가 채워지기 때문입니다. 넘치든 부족하든 지나치다는 것은 문제가 있으며, 적당히 조절하여 목적한 표준점에 이른다는 것이 중요합니다.

그러나 말이 쉽지 그게 어디 쉬운 일인가요? 적당하다는 말 자체가 어느 집단, 어느 주체를 기준하느냐에 따라 다르게 적용되는 기준일 뿐만 아니라, 매사는 관성을 띄고 있어서 한쪽으로 무한히 작용하려 할 것이니 말입니다. 살면서 나는 내 주변의 사람들에게 지나치게 보이는 구석은 없는지 늘 챙겨 보면서 살아야겠습니다.

2007년 6월

백의종군白衣從軍

어느 나라나 옷의 색깔로 벼슬의 높낮이와 맡은 일의 종류를 알 수 있었는데 우리나라도 예외는 아닙니다.

조선 시대에 관리들은 금관제복金冠朝服(금金색의 관冠과 붉은색의 복服을 하고 조회에 참여)하였으며, 업무를 볼 때는 직급에 따라 색이 다른 도포를 입었습니다.

따라서 '흰옷을 입었다'는 말은 '벼슬이 없는 일반 백성의 신분임'을 상징하는 말이며, 싸움하는 전쟁터에서는 최하위의 병사임을 말합니다.

전쟁터는 명령과 복종만 있으며 하급자(병사)는 명령을 따르기만 하는 사람이지 명령을 할 처지가 아닙니다. 따라서 자기주장이 없고 그저 상관의 명령이 옳든지 그르든지 따르기만 해야 합니다.

그러니 '백의종군白衣從軍'이란 '졸병이 되어 상급자의 명령대로 복종하여 싸우는 것'을 말합니다.

우리나라 역사에는 종종 '백의종군' 운운이 등장합니다.

그 대표적인 예가 이순신 장군의 '백의종군'입니다.

임진왜란 당시 왜장 가등청정加藤淸正과 대치하는 상황에서 이순신 장군과 조정의 판단이 일치하지 않아서 생긴 일로, 조정이 장군에게 '백의종군'을 명하여 하루아침에 장군의 신분에서 일개 병사의 신분으로 전장에 임하게 됩니다.

실제로 병사의 신분으로 적을 맞아 전투에 참여했는지는 모르겠지만 '백의종군'의 임무를 충실히 수행하신 모양입니다.

이 일이 있고 난 뒤에 이순신 장군은 명예를 회복하고 또다시 수군의 총지휘관이 되었으니 말이지요.

이를 잘 살펴보면 '백의종군' 속에는 일벌백계의 처참한 강등 외에 어떠한 여지도 없는 것이 아니고 명예 회복의 기회가 그 속에 숨겨져 있습니다.

따라서 '백의종군'의 명을 받은 사람 입장에서는 더욱더 분투노력해서 큰 공을 세우고 잃어버린 명예를 회복하려 할 것입니다.

요즘에는 '백의종군'을 누가 명하지 않습니다. 강등이나 보직해임 등의 예가 있기는 하지만 이를 '백의종군'이라 하지는 않습니다.

요즘에는 '백의종군'을 가장 흔하게 쓰고 있는 곳이 정치판이 아닌가 싶습니다. 정치판이 아니더라도 어느 날 갑자기 자기의 명예가 실추됐다고 생각하든가 지위가 떨어졌다고 생각하는 분들 쪽인 것 같습니다.

따라서 요즘에는 흰옷을 자기 스스로 입기를 좋아합니다.
스스로 하얀 옷을 입고 자숙하며, 근신하고, 열심히 노력해서 잃어버린 명예를 반드시 되찾겠다는 의지가 그 속에 있습니다.
그러나 염려스러운 것은 제사에는 관심이 없고 잿밥에만 관심이 있지는 않은가 하는 점입니다.
열심히 분수에 맞는 일을 하다 보면 세상은 자연스럽게도 그런 그를 알아주게 돼 있는데도 말입니다.

명하는 쪽과 받아들이는 쪽이 구분된 '백의종군'이 아니고 본인 스스로 입으려 하는 변화된 '백의종군'이면 어떤가.
다만 '백의종군'을 말하며 명예를 되찾겠다는 의욕만 앞서서 그나마 남아있는 명예의 흔적마저 잃게 되지는 않을까 염려스러운 이들이 요즘에는 부쩍 늘었으니 말입니다.
스스로 흰 옷을 입고자 했으면 색깔 있는 옷을 탐하지 말아야 하는데도 말입니다.

본인 입으로 '백의종군'을 하겠다고 해 놓고, 여전히 '감 놔라, 대추 놔라, 이리 가라, 저리 가라, 나를 따르라, 이래서 서운하다 등등' 뒤에서 복종하는 모습은 없고 자기주장만 강한 사람들을 보면서, 과연 이들이 '백의종군白衣從軍'의 바른 뜻을 알기나 하면서 '백의종군의 자세로 임하겠다'고 운운했는지 모르겠기에 하는 말입니다.

2007년 9월

필사즉생必死卽生
필생즉사必生卽死

무지하게 덥습니다. 시원한 수박 생각을 하다가 갑자기 글이 쓰고 싶어집니다. 많은 사람들이 쉽게 쓰고 있는 필사즉생必死卽生 필생즉사必生卽死 라는 말이 문득 생각납니다.

이순신 장군이 명량대첩을 앞두고 수적으로 열세인 부하들을 독려하고 사기를 높이기 위해서 썼던 말이지요. '죽음을 두려워하지 않으면 살아남을 것이요, 살려고만 하다 보면 죽기가 십상이다'라는 뜻이 되겠습니다.

그런데 많은 사람이 이 말을 쉽게 쓰면서도 잘못 쓰고 있다는 데 문제가 있습니다.
필사즉생必死卽生 필생즉사必生卽死는 본인이 어떤 일을 행하기 전에 떠들 수 있는 말이 아닙니다. 행行하고 나니까 결과가 그리 되더라는 것입니다. 죽을 각오로(죽음을 두려워하지 않고, 죽음을 걸어놓고) 임했더니 나중에 보니까 살아있더라는 것입니다.

본인 스스로 어떤 일을 하기 전에 필사즉생必死卽生 하겠다는 것은 이미 살고자 하는 간절함이 마음에 있으니 올바른 필사즉생必死卽生의 자세가 아닙니다.

따라서 이 말은 나에 관해서 쓰는 말이라기보다는 남에게(특히 부하에게) 사기를 북돋거나 어떤 일을 독려할 때 쓰는 말입니다.
'오로지 죽을 각오로 (죽어도 좋다는 심정으로) 열심히 싸웠더니 나중에 보니까 살아남아 있더라. 그러니(나에게 그런 경험이 있으니) 너희들도 그런 마음으로 열심히 싸우거라. 그리하면 반드시 좋은 일이 있을 것이다.' 하는 교훈적 의미의 말입니다.

결국 필사즉생必死卽生 필생즉사必生卽死는 임하기 전에는 부하의 사기를 높여주기 위해서, 임한 후에는 나의 경험담이나 다른 많은 사람의 경험담으로 사용되는 어휘입니다. '내가 살아남기 위해서 죽을 각오로 싸우겠다'는 살고자 하는 간절함이 배어 있는 그런 뜻의 필사즉생必死卽生이 아니라는 말입니다.
본인이 직접 어떤 일을 임하기에 앞서 이 말을 하면 속 좁은 사람이 됩니다. 요즘 정치하는 분들이나 뭣 좀 한다는 분들이 어떤 일을 하기에 앞서서 본인 스스로 위와 같은 말을 하는 것을 보면서 느낀 점이 있어서 몇 자 적어 봅니다.

2007년 7월

원숭이의 탁월한 선택
조삼모사朝三暮四

조삼모사朝三暮四란 말을 아시지요! 중국 춘추시대에 저공狙公이란 분이 원숭이를 키우면서 있었던 얘기입니다.

원숭이 먹이가 부족하여 주인이 원숭이들을 불러 놓고 '오늘부터는 너희들에게 도토리를 아침에 3개, 저녁에 4개를 주겠노라.' 하니 원숭이들이 그렇게 먹고는 못 산다고 아우성을 칩니다. 그래서 다시 불러 놓고 '그러면 아침에 4개, 저녁에 3개를 주겠다.' 하니 원숭이들이 좋아하며 뒹굴면서 놀았다는 우화에서 나온 말입니다.

당장 눈앞에 나타나는 차별만을 알고, 그 결과가 같음을 모르는 어리석음을 일컫는 말로도 쓰이고, 말을 교묘하게 하여 간사한 꾀로 남을 속이어 농락함을 일컫는 말, 등의 뜻으로도 자주 사용되는 말입니다.

이 말속에는 애초에 원숭이는 무지하며, 사리 분별을 잘 하지 못하고, 어리석은 존재라는 선입견이 깔려있습니다.
그러니 어리석은 원숭이를 말 바꾸기의 재주를 부려서 농락할 수 있었다는 얘기가 됩니다.

그러나 정말 그럴까요?
내가 눈을 크게 뜨고 그 이면을 들여다봅니다.
선입견 없이 같은 상황을 연출해 봅니다.

원숭이는 낮에는 활동해야 하므로 많은 에너지가 필요하겠지만, 밤에는 활동하지 않고 잠을 자므로 낮에 비해 적은 양의 에너지만으로도 버틸 수 있을 것입니다.
따라서 부족한 양식을 나눠 먹어야 할 형편이라면 저녁 보다는 아침에 많이 먹어야 합니다.
그러나 저희 마음대로 나누어 먹을 수 있는 입장이 아니고, 주인이 주는 대로 먹을 수밖에 없습니다.
저녁에 네 개 아침에 세 개를 주는 도토리를 가지고 효과적으로 먹으려면 저녁에 한 개를 남겨 두었다가 아침에 함께 먹어야 합니다.
원숭이 입장에서 무엇을 남겨 보관한다는 것은 참으로 불편한 일입니다.
쉬운 일을 두고 우리 주인님은 왜 일을 그렇게 어렵게 할까?
어차피 7개밖에 먹을 수 없다면 아침에 3개 저녁에 4개보다는 아침에 4개 저녁에 3개를 주면 될 텐데…….
이런 사실을 잘 알고 있는 원숭이가 주인의 협상 내용을 거부하고 자기들에게 유리한 협상 결과를 끌어낸 것입니다.
얼마나 똑똑한 원숭이들인가요?
한정된 7개의 도토리를 가장 효과적인 방법으로 소비할 줄도 아는 원숭이들이니 말입니다.
경제적 지식은 물론이려니와 고도의 협상력까지 갖추었으니 참으로 놀랄 일이 아닐 수 없지요.
그때의 그 일이 사실이라면 나는 '원숭이의 선택은 탁월한 것이었다.'고 말하겠습니다.

세상만사가 이와 같습니다.
우리는 무슨 일을 하든지 언제나 선입견을 가지고 바라보는 경우가 많습니다.
그러기 때문에 잘못된 판단을 하기가 쉽습니다.

선입견을 버려라.
그리하면 원숭이가 똑똑한 놈으로 보일 수도 있음이니.

2007년 10월

광풍제월光風霽月
2008년이여

학자들이 모여서 2008년을 맞으면서 희망의 사자성어로 광풍제월光風霽月을 뽑았다 합니다. 이 말은 북송을 대표하는 시인 중의 한 명인 황정견이 당시의 저명한 철학자인 주돈이의 인품을 묘사하면서 쓴 말입니다.

광풍光風은 비온 뒤 따사로운 햇빛아래 솔솔 불어오는 맑고 포근한 바람입니다.

제월霽月은 비가 갠 뒤에 삐죽이 내미는 달빛입니다.

광풍光風은 비가 갠 뒤의 낮의 풍경이며, 제월霽月은 비가 갠 뒤의 밤의 풍경입니다.

따라서 하늘은 티 없이 맑고 청명하며, 어둠이 걷이고 밝음이 찾아오니 매사가 시원하고 명쾌하며, 잡스럽지 않음을 뜻한다 하겠습니다.

그렇다면 지금까지는 구름 속을 헤매고 있었다는 말이 될 수도 있으니 듣기에 따라서는 대단히 기분이 나쁜 사람도 있을 수 있겠습니다. 아무튼 2008년은 학자들의 말대로 광풍제월光風霽月의 한 해가 되었으면 좋겠습니다.

한해를 보내는 마지막 날에 또 하나의 아래와 유사한 사자성어가 추가되지 않기를 바랍니다.

2001년부터 지금까지 지나온 한해를 되돌아보며 연말에 발표했던 사자성어를 적어봅니다.
2001년-오리무중五里霧中- 뭐가 뭔지 난 모르겠어
2002년-이합집산離合集散- 변화무쌍
2003년-우왕좌왕右往左往- 갈피를 못 잡아
2004년-당동벌이黨同伐異- 극단적 이기주의-패거리 집단의 행패
2005년-상화하택上火下澤- 불화의 극치
2006년-밀운불우密雲不雨- 기대가 컸으니 실망도 크다
2007년-자기기인自欺欺人- 에라이 속고 속이는 세상사 믿을X 있어야지
한결같이 좋지 못한 거로 봐서 희망했던 것보다 못한 결과에 아쉬움이 컸었나 봅니다.
알찬 한 해를 보내고 싶은 마음에 몇 자 적어 봅니다.

2008년 1월

내가 보는 성철스님의 열반송

生平欺狂男女群 생평기광남녀군하니
彌天罪業過須彌 미천죄업과수미라.
活陷阿鼻恨萬端 활함아비한만단이여
一輪吐紅掛碧山 일륜토홍괘벽산이로다.

일생 동안 남녀의 무리를 속여서
하늘을 넘치는 죄업은 수미산을 지나친다.
산채로 무간지옥에 떨어져서 그 한이 만 갈래나 되는지라
둥근 한 수레바퀴 붉음을 내뿜으며 푸른 산에 걸렸도다

어떤 종교에 속한 이들 중에는 이 말씀을 곡해해서 활용하는 이가 있는가 봅니다.
불교계에서는 대단하다고 여기는 성철스님도 '지은 죄가 산 같이 커서 결국 지옥에 가겠구나'하고 말씀하셨지 않았느냐며 자기들의 종교가 우월하다고 멋대로 해석하기도 하는가 봅니다.
이렇게 말하는 사람이 있다면 그것은 참으로 겸손할 줄 모르는 처사입니다.

여기에 내가 주제넘게 작은 토를 달아 봅니다.

깨우친다는 것은 참나를 알아가는 과정이다.
참나는 본시 내 안에 있다.
참나는 나만이 찾을 수 있다.
즉 남의 모습이 아닌 나 자신을 깨닫는 과정이다.
그런데 대다수의 많은 이들이 참나를 알지 못한다.
그래서 스승도 있고 안내자도 생긴다.
그러나 그들의 가르침은 그들 자신의 것을 말하는 것일 뿐 참나를 찾는 것하고는 거리가 있다.

어쩜 잘못하면 그들이 참나를 찾는데 더 어렵게 하고 있는지도 모른다.
안타까운 마음에 참나를 찾는 지름길을 알려준다고 하긴 했는데
그 모든 것들이 결국은 미로의 길을 알려준 꼴이 되고 만 것만 같다.
세상의 모든 앞선 이들이 지어 놓은 책들이 이와 같고
세상의 모든 앞선 이들이 내뱉는 말 또한 이와 같다.
부처도 이와 같고, 다른 많은 선각자라는 사람들이 모두 이와 같다.
만약에 내가 아니었으면 더 깊은 미로 속에서 헤맬 수도 있었을 사람에게는 나의 시답잖은 안내 노릇이 작은 도움이나마 될 수는 있었겠지만 괜히 일으켜 본 나의 마음이란 것이 오히려 많은 이들에게 미로의 길로 안내한 것만 같아 마음이 무겁고 죄스럽기만 하구나.
아아, 실체는 없고 자취만 남겨 어지럽혔으니 이 또한…….

(번데기 앞에서 주름잡은 것만 같구나, 본시 번데기가 없으니 주름을 견줄 일도 없긴 하지만).
참으로 겸손함의 극치입니다.

일륜토홍괘벽산一輪吐紅掛碧山 속에 스님의 마음이 온전히 담겨 있다고 보며, 각자 해석이 다르겠지만 나는 이렇게 해석해 봅니다.
아! 내 살아온 한평생이 순진(청정)무구純眞(淸淨)無垢의 파란 캔버스에 붉은 물감만 흩뿌려 놓은 것과 같으니 이를 어찌하면 좋단 말인가….

(아닙니다 스님. 제 눈에는 아주 잘 그려진 한 폭의 아름다운 그림입니다.)

천상천하유아독존天上天下唯我獨尊
살불살조殺佛殺祖
산산수수山山水水
세 가지 말씀을 겹쳐놓고 보면
성철 스님의 고뇌를 조금은 이해할 것도 같습니다.

세속적으로 괜히 시답잖은 풀이를 하고 보니
이 또한 나의 마음이 괜히 무겁기만 합니다.

네 스스로 깨달아라.

2008년 10월

나이를 먹으면 점점 도사가 되어가는 것

한 살 두 살 나이를 먹어간다는 것은 점점 도사가 되어 간다는 말과 같습니다.

세상만사가 언제나 서로 다른 두 가지 구석이 있듯이 사람 사는 것도 항상 두 가지로 나누어 볼 수 있습니다.
잘 생긴 구석이 있으면 못생긴 구석도 있고
잘 하는 구석이 있으면 잘 못 하는 구석도 있고
마음에 드는 구석이 있으면 마음에 못마땅한 구석도 있습니다.

그런데 사람이 나이를 먹어 가면서 이러한 두 가지 구석을 바라보는 모습들이 달라집니다.
어떤 사람은 점점 예민해져서 이것저것을 엄밀히 구분하려 하고, 어떤 사람은 점점 무디어져서 이것저것을 구태여 구분하려 하지 않습니다.
나이를 먹으면서 고주알미주알이 심해지는 사람이 있는가 하면,
물에 물 탄 듯 술에 술 탄 듯 세상 초월한 사람같이 살아가는 사람도 있습니다.

무디어진 마음으로 살아가는 사람에게는 별문제가 아니겠으나 고주알미주알 부류의 사람에게서는 두 가지의 서로 다른 모습을 보게 됩니다.

어떤 이는 상대방의 못났고, 못마땅하고, 못하는 음적이고 부정적인 면(음이라 하자)만을 보는 사람이 있는가 하면, 어떤 이는 상대방의 잘 났고, 바람직하고, 잘하는 양적이고 긍정적인 면(양이라 하자)만을 보려하는 사람이 있습니다.

음적인 면만을 보려하는 사람은 말끝마다 남을 헐뜯고 흉보며, 이해하기보다는 부정하려 하고, 갈등을 만들기가 십상입니다.

그러나 양적인 면만을 즐겨 보는 사람은 말끝마다 남의 좋은 면을 들추어내어 칭찬하고, 부정하기보다는 이해하려 하고, 화합과 조화를 만들어 내려고 노력합니다.

산에 바위가 빠개지고 쪼개져서 물길 따라 구르다 보면 처음에는 날카롭고 뾰족하던 모난 돌 쪼가리들은 어느샌가 둥글둥글한 조약돌이 됩니다.

조약돌이 된다는 것은 무엇인가요?

단단하지 못하고 불필요한 군더더기 부분들이 떨어져 나가고 알차고 단단한 부분만 남아있다는 것입니다.

다시 말하면 필요한 것만 남으면 둥글게 된다는 것을 알 수가 있겠네요.

흔히 말하기를 인간은 사회적 동물이라고 합니다.

인간 개개인은 힘없고 연약한 존재일지라도 그들이 여럿 모이면 큰 힘을 갖게 되고 비로소 세상의 주인도 될 수 있다는 것입니다.
결국, 그 말속에는 인간은 분열하고 갈등하는 존재이기보다는 화합과 조화 속에서 서로 단단하게 뭉쳐서 살아가는 존재라는 것이지요.
그런데 화합과 조화는 마치 조약돌과도 같은 둥글둥글한 마음에서만 나올 수 있습니다.

모난 부분이 있으면 화합과 조화하고는 거리가 멀어지고, 좀 무디어진 마음속에서 화합과 조화가 자라나게 된다는 말입니다.

무슨 얘기를 하고 싶어서 이토록 장황한 말을 늘어놓았을까요 ?
살다 보면 때로는 갈등도 겪게 되고, 다툼도 없을 수가 없습니다.
그러나 나이를 한 살 한 살 먹어 갈수록 불필요한 모난 마음들은 하나둘씩 떨어져 나가고, 마치 조약돌과도 같이 둥근 마음이 되어서 이해하고 화합하는 마음이 많아져야 하는데도 여전히 모나고 날카로운 마음을 버리지 못하는 사람들이 있습니다.
젊어서는 젊은 기운이라는 것 자체가 성장 발산의 기운이니 그럴 수 있다 하더라도, 나이를 먹으면 모든 것을 수렴하고 관조하며 뒤를 돌아보는 자기 성찰의 기운인데도 그런다는 것은 왠지 어울리지 않는 일입니다.

논어의 구절을 나의 식으로 해석해 봅니다.
지우학志于學, 이립而立을 거쳐 나이 40에 불혹不惑이라 하고 50이 되어 지천명知天命이라 하셨지요.

학문에 뜻을 두고, 바로 설 수 있으며, 어떤 판단을 하더라도 망설이거나 주저하지 않는다는 것은 아직(40이 될 때 까지) 나에 관한 영역입니다. 그리고 나서 비로소 50이 되어야 내 위주가 아니라 주변에는 남도 있다는 것을 알게 됩니다.

50부터는 나를 벗어나 주변과의 관계를 말함입니다.

즉 하늘의 뜻을 아는 나이라는 것이지요.

하늘의 뜻이 별거가 아닙니다.

내가 아닌 남들과 갈등하지 말라는 것입니다.

화합하라는 것입니다. 남이 남으로만 보이지 않고 나의 일부로 보이더라는 것입니다.

나는 이 부분을 소아小我에서 대아大我로 전이되는 과정으로 이해하고 싶습니다.

친구 간에 이웃 간에 부부간에 형제간에 부모 자식 간에 모든 존재와 존재 간에 이해하고 화합하라는 것입니다.

그리고 60이 되면 이순耳順이라 합니다. 무엇이든지 귀로 들으면 거슬리지를 않는 나이라는 것이지요. 귀에 거스르지 않으니 순리에 따르게 되고 순리에 따르는 모습을 보이니 이해심이 많은 사람으로 보입니다.

한때는 귀로 무슨 말을 듣는다는 것이 괜히 힘들고 부담스럽고 안 들으니만 못하다고 생각한 적도 있었건만, 이제는 말만 들어도 그 사람의 의중을 알게 되고, 누가 나에게 욕을 해도 그 말이 밉게 들리지 않는다는 것이겠지요.
세속적인 표현을 하자면 '도사가 다 됐다'는 말입니다.
'그 사람 나이 먹더니 도사 다 됐구먼'이란 말은 그래서 나온 말입니다.
70이 되면 종심소욕불유구從心所欲不踰矩라고 하지요. 마음 내키는 대로 해도 마음에 거리낄 것이 없다(법도에 어긋나지 않더라)는 뜻일 겁니다.
그러니 이제 비로소 도사가 된 것이지요.
즉 신神입니다.
신神이 하는 일에 법도에 어긋날 일이 있겠으며 잘잘못을 따질 일이 있을 리 없겠지요.
보는 이에 따라서 해석이 구구하겠지만 내가 보는 견해를 한마디로 말하면 '나이를 먹을수록 점점 도사가 되어간다(되어야 한다)'는 것입니다.
나의 눈에는 지우학志于學-이립而立-불혹不惑-지천명知天命-이순耳順-종심소욕불유구從心所欲不踰矩의 과정이 나-소아小我-대아大我-신神(도사)와 같이 점점 도사가 되어가는 과정으로만 보입니다.
여러분의 눈에는 어떠신지요.

이 글을 읽으시는 분 중에 나이 50줄에 든 분이 있다면, 그리고 여러분의 눈에도 나이를 먹는다는 것이 점점 도사가 되어가는 과정으로 보이기라도 한다면 조금 더 읽어보셔도 되겠습니다.
한 살 두 살 나이를 먹어가면서 고주알미주알 보다는 다소 어리숙하지만 무디어진 마음으로 사는 지혜가 필요합니다.
고주알미주알을 하더라도 어둡고 부정적인 영역을 살피기보다는 밝고 긍정적인 영역을 찾는 사람으로 살아야 합니다.
밉고 서운했던 감정을 갖기보다는 예쁘고 반가웠던 순간을 마음에 담아두고 갈등을 갖기보다는 화합과 조화를 생각하고 모난 구석이 조금이라도 있는 것 같으면 갈아 버리고 둥글게 둥글게 만들어서
이해심 많은 남편과 아내가 되고
아버지 어머니가 되고
할아버지 할머니가 되고
친구 지간이 되도록 노력하는 마음을 점점 더 키우는 사람이 되어야 할 것입니다.
나이를 먹는다는 것은 점점 도사가 되어 가는 과정이기 때문입니다.

2008년 12월

> 지자요수知者樂水
> 인자요산仁者樂山

논어의 옹야편에
지자요수知者樂水 인자요산仁者樂山
지자동知者動 인자정仁者靜
지자락知者樂 인자수仁者壽이란 말이 있습니다.

지혜로운 자는 물을 좋아하고 어진 자는 산을 좋아한다.
지혜로운 자는 움직이고 어진 자는 고요하며
지혜로운 자는 즐기고 어진 자는 오래 산다.

여기에서 지'智'가 아니고 왜 지'知'인가 할 수 있으나 원문에는 지'知'로 되어있고 이 지'知'자가 지혜롭다는 뜻으로 쓰인 것입니다.

지혜로운 사람은 물의 속성을 좋아합니다.
물은 부단히 움직이며 주변 환경이 시시때때로 변함을 봅니다. 호기심이 많으니 부단히 움직이며 주변을 살피고 그 변하는 주변 환경에 따라서 쉽게 어울리고 즐기는 마음을 갖습니다. 함께 어울리지 않으면 즐길 수 없습니다. 주변의 횡적 관계로 맺어지는 인간관계를 원만히 유지하려 하고 항상 겸허한 자세를 유지합니다.
돌아다니면서 보고 느끼고 함께 어울리어 즐길 줄을 압니다.

어진 사람은 산의 속성을 좋아합니다.
산은 움직이지 않으니 고요하고 감정의 변화가 없습니다. 호기심이 적어 돌아다니지 않고 한 곳에 가만히 있기를 좋아하니 가치 기준을 마음에 둡니다. 수직적 사고를 하고 나 자신에 마음을 둡니다. 남과 경쟁하지 않으며 물질적 욕구에 집착하지 않으니 피곤할 때 쉬고 졸릴 때 자고 무엇이든 넘치는 일을 하지 않으니 건강을 유지하여 오래 살게 됩니다.

한마디로 정리해 보면
지혜로운 이는 주변 상황을 잘 살펴서 적절한 방법으로 쉽게 적응하여 목표에 이르는 사람이며, 어진 이는 스스로 마음의 양식을 풍부히 하고 덕망을 쌓아서 깨끗하고 높은 이상을 실현하는 사람입니다.

목표에 이르는 방법이 이처럼 서로 다름을 봅니다.

2009년 2월

늙어서 마음 편하게
살아가려면

가정의 달인 5월을 맞아 매스컴 곳곳에서 소외되고 버림받은 노인들의 모습을 보여줍니다. 시대가 변할수록 점점 심각해져 가는 노후의 문제에 대하여 어떻게 살면 마음이라도 편해질까 하고 내가 잠시 생각해 보고 대략 아래 세 가지 정도로 요약해 봅니다.

우선은 인간도 동물입니다. 어버이는 자식을 낳고 자식은 그 어버이를 파먹고 마침내 버립니다. 자식을 낳고 그를 길러내고 힘이 있을 때는 무리를 이끌면서 살지만 노쇠하여 힘이 빠지면 무리로부터 소외되고 버림받아 스스로 삶을 버티다가 죽습니다. 이는 생명 있는 것들의 공통된 모습이니 자연의 섭리입니다.

따라서 인간도 자연의 섭리에 순응하여 어버이 돌보지 않는 자식에게 서운한 감정을 갖지 않습니다. 지금은 원시적 삶이 아니니 이정도 되려면 고도의 정신적 수양이 필요할 것입니다. 섭리에 따른다는 당연함이 있으나 아무나 할 수 있는 일이 아니며 고도의 정신적 수양을 거친 연후에 얻어지는 마음의 평화입니다.

인간 사회에서 남이 볼 때는 추하고 불쌍해 보이고 사회적인 문제가 될는지는 몰라도 본인 스스로는 이것 때문에 불행하지는 않습니다. 종이를 주워 죽을 쑤어 먹고 길거리에서 잠을 자다가 죽을지언정 적어도 자식에 대한 원망을 하지 않으며 갈등도 없습니다.

다음은 효(孝)의 힘을 빌립니다. 인간은 만물의 영장입니다. 부모와 자식 간에 정이 있으니 일반적인 동물과 같은 삶을 살 수 없다는 전제하에 효라는 개념을 도입합니다. 자식을 길러내는 과정에 그 자식에게 효를 강조하여 스스로 노후를 보장받습니다. 효라는 교육을 받고 자란 자식은 자라서 어버이가 늙고 병들면 당연히 그 부모를 모시게 됩니다.
효에 대한 교육을 받았더라도 그 정도와 현실과 여건과 그 자식의 심성에 따라서 어버이를 모시는 모습이 여러 가지로 다른 모습을 보입니다. 자식이 잘 모셔주면 행복한 삶이지만 온전히 자식의 처분에 맡긴다는 위험함이 있습니다.

그다음은 늙어서 살 수 있도록 스스로 준비하는 방법입니다.
즉 노후대책이며 돈을 준비하는 것입니다. 의식주를 해결하는데 가장 필요한 것이 돈일 수 있으니 어느 정도의 돈을 모읍니다. 노쇠한 육신의 힘을 돈의 힘으로 보완하고 버텨보는 방법입니다.
통장 하나 정도는 있어야 하며 죽어서 없어질 때까지 그 통장을 놓지 않습니다. 자신이 스스로 자기의 삶을 책임지는 방법입니다.
그러나 이 방법은 치매에 걸리거나 중병에 걸려 움직일 수 없을 때는 근본적인 해결이 될 수 없으니 자식의 효도만 못합니다.
어디까지나 궁여지책이며 돈을 모은다는 것이 그날그날 살아가는 대부분의 사람에게는 그렇게 만만한 일이 아니라는데 문제가 있습니다.

늙어서 위 세 가지 중 어느 쪽에도 해당하지 않으면 고통스럽습니다. 이들 중 어느 한 가지에 전적으로 의지할 수도 있고, 이들 셋이 어느 정도씩 혼합된 형태로 조화를 이룰 수도 있을 것이다.
시대가 변하면서 스스로 돈을 모아서 노후준비를 하는 비중이 점점 커지는 것 같습니다.

자식의 부양도 받지 못하고, 통장에 돈도 없으면서, 고도의 정신적 수련이나 준비도 갖추지 못한 채 늙음의 길에 들어선 이가 문제입니다. 이들에 대해서는 정부 차원의 해결법 외엔 기댈 곳이 없습니다. 따라서 사회보장이니 국민연금이니 국가적 차원의 정책이 중요할 수밖에 없게 됩니다.

수중에 돈도 어느 정도는 있고, 효성스러운 자식을 두고, 그 자식에게 기대는 내 마음이 그렇게 크지 않은 채로 노년을 맞을 수가 있다면 가장 편안한 노년의 삶이 되지 않을까 하고 생각해 봅니다.

인간이기에 효(孝)의 가치가 가장 으뜸이어야 하는데 많이 퇴색되고 있는 것이 안타까울 뿐입니다.

2009년 5월

부부유별 夫婦有別

오륜 중에 부부유별夫婦有別이 있습니다.
이의 해석이 가지가지입니다.

부부간에 한번 연을 맺으면 다른 이에게 눈을 돌리지 말고 살아라.
즉 배우자와 다른 이성을 구별하라고도 하고,

할 일에 다름이 있으니 부夫가 할 일이 있고 부婦가 할 일이 있다. 사전 등에 설명된 내용이나 삼강 중 부위부강夫爲婦綱의 설명에 가깝다. 부夫를 부婦의 상위개념으로 보고 본분을 나누다 보니 남자가 앞치마 두르면 흉으로 보기도 하며, 부부夫婦는 근본적으로 서열적 차별이 있다. - 여필종부, 남존여비 등 이론적 근거가 되기도 합니다.

모두 틀렸습니다.
내가 이렇게 풀어봅니다.

부부는 한없이 가까운 사이입니다.

너무 가까워지면 지켜야 할 본분을 잃기 쉽습니다. 자칫하면 지배 종속의 관계가 될 수도 있고, 자칫하면 맞먹는 관계가 될 수도 있습니다.

이를 경계하여 별別 자를 넣어 부부유별夫婦有別이라 했으니 '연을 맺어 하나라고 말들은 하지만 사실은 별개의 개체이니 너무 가까운 척 하지 말고 살아라'인 것입니다.
유별有別 하니 각자는 별개의 개체이며, 각자가 별개이니 그 개개의 존재는 존귀하고 존중받아야 할 귀한 존재일 수밖에 없습니다.
부처님만 존귀한 것이 아니라 세상 만물 각자가 존귀한 것입니다.
상대는 엄연히 내 몸의 일부가 아니라 남의 몸이니 서로 간에 지켜야 할 도리가 있습니다.
그러나 지켜야 할 도리는 다음 문제이고 우선은 상대가 존중받아야 할 존귀한 존재임을 자각하라는 것입니다.
따라서 부부는 일심동체도 아니고 여필종부는 가당치도 않은 말입니다.
일심동체란 말에 얼마나 음흉한 부夫의 잔머리가 숨어있는가?

부부유별夫婦有別은 자유평등을 말함이지 지배 종속의 배경이 될 수 없습니다.

2009년 10월

욕慾이란 것이
지나치면

천지자연의 이치는 존재하고 이어가는 것입니다. 생명체가 존재하기 위해서는 먹어야 하고, 이어가기 위해서는 자손을 퍼뜨려야 합니다.
존재한다는 것은 지금 당장 문제이고, 이어간다는 것은 언제까지나 영원한 문제입니다.

따라서 궁극의 이치는 영원히 이어간다는 것입니다.
이를 본바탕 즉 만물의 본질이라 할 수 있으니 일러 '性'이라 말합니다.
속에서 바탕이 되어 나오는 것들을 성질, 성품, 성격, 성욕 등 모두가 '性' 자를 씁니다.

이런 것들을 부담 없이 원활히 하려고 욕慾이 주어집니다.
병들거나 다른 이유로 식욕이 없음에도 억지로 먹어야 하는 경우를 생각해 보면 이 욕慾이란 것이 얼마나 중요한지 모릅니다.
식욕食慾이란 것이 있어서 먹는다는 사실에 거부감이 없고 오히려 맛있게 먹고 즐길 수가 있으며, 성욕性慾이란 것이 있어서 일부러 자손을 퍼뜨리고자 하는 생각을 갖지 않았다고 해도 자연스럽게 성욕의 이끌림이 되어 자손을 번식하게 됩니다.

따라서 욕慾은 천지자연의 올바른 이치가 원활히 이루어질 수 있도록 도와주는 것이니 참으로 중요합니다.
욕慾을 말하며 거창하게 천지자연의 이치까지 들먹였지만, 세상의 모든 욕慾이 이와 같음을 말하기 위함입니다.
식食과 성性에 욕慾이 붙으면 금방 이해가 되기 때문이지요.

그러나 세상 사람들은 욕慾에 비중을 크게 두고 탐하며 사는 경우가 더 흔합니다.

먹어야 살 수 있기 때문에 무엇을 먹을 때에 맛있게 먹으라고 욕慾을 부여하였는데도 욕慾에만 이끌려 맛만을 탐하고(자연의 순리에 따르는 먹음은 살기위해 먹는 것이고, 욕慾을 탐하여 먹는 것은 먹기위해 사는 것일 수 있다). 음양 간에 교합을 해야 자손을 번식할 수 있기 때문에 서로 거부하지 말고 즐거움을 가지면서 대하라고 욕慾을 부여하였는데도 욕慾에만 이끌리어 성을 탐하니 성욕의 노예가 되어 살기도 합니다.

사실이 이러하니 식욕을 탐하면 병이 생기고 성욕을 탐해도 병이 생깁니다.

欲慾은 지금 하는 그 일이 원활히 이루어질 수 있도록 도와주는 역할을 하는 것이기 때문에 어느 정도까지는 반드시 필요한 것입니다.
그러나 그 정도를 넘으면 반드시 나에게 해를 줍니다.
애초에 부여된 欲慾은 일정한 선 이상으로는 넘지 말라고 선을 그어 자기관리를 철저히 합니다.

천지자연의 이치는 넘치거나 부족함이 없도록 적당히 조화를 이루게 하기 위함이기 때문입니다.
그러나 대부분의 우리는 그 선이 어디까지인지를 알 수가 없습니다.
그저 두루뭉술하게 지나친 욕심을 경계하라는 뜻으로 과유불급過猶不及(지나친 것은 부족한 것과 같다. 혹은 부족한 것만 못하다.)만을 말하며 경계하고 살 뿐입니다.

欲慾의 경계의 선을 넘으면 마음에 병이 들게 되니
마음에 병들지 않고 사는 방법은 이를 탐하여 지나친 욕심을 갖지 않고 사는 것입니다.

2009년 10월

부자유친父子有親

요즘 세상에 웬 오륜五倫을 들고 나왔냐고 하겠지만 오륜에 부자유친父子有親이라 했으니 부모와 자식 간에는 친親함이 있어야 한다고 했는데 이때의 친親함이란 과연 무엇인가? 를 생각해 보고 싶어서입니다.

친親에 대하는 말은 소疏이며 친親은 근近과 어울리고 소疏는 원遠과 어울리니 친親은 서로 가까이함을 말합니다.
친親 하지 못하면 소疏하게 되고 가까이하지 못하면 자연히 멀어지게 되니 점점 멀어지게 되면 부모자식간의 정리도 차츰 멀어지게 됩니다.

따라서 오륜은 이를 염려하여 부모와 자식 간의 친親을 강조한 것입니다. 소외되어 외롭게 살아가는 늙은이들이 많은 요즘에 더욱 필요한 말이 아닐까 싶어서 쉽게 풀어봅니다.

부모와 자식 간에 서로 가까이한다는 말은 무엇일까요?
이를 간단하게 정리하면

1. 가능하면 자주 찾아보고 얼굴을 마주함이며,
2. 서로 멀리 떨어져 있어 그럴 수가 없으면 전화라도 자주 하는 것이며,
3. 그도 저도 할 수 없는 형편이라면 마음만이라도 항상 상대방의 안부를 염려하여야 하며
4. 이 모든 것들은 가끔 드물게가 아닌 자나 깨나 자주 그렇게 해야 하며
5. 영육 간에 몸과 마음을 바쳐 그렇게 한다는 것입니다.

부모가 자식을 염려함은 자나 깨나 자식의 건강함이니 자연스레 그리되는 것이며, 자식이 부모를 염려함은 부모의 안위이니 이는 효孝로 통합니다.

따라서 부모가 자식에게 하는 친親함은 부모의 보호 본능이며, 자식이 부모에게 하는 친親함은 일차적으로는 부모에 기대는 마음이며 이차적으로는 부모가 그간에 무슨 일이라도 당하지는 않았나를 염려하는 부모에 대한 자식의 의무이며 도리입니다.

옛날 같으면 아침저녁으로 부모님께 문안 인사라도 여쭈며 마주하고 가까이하는 시간이 잦았겠지만 요즘 같은 세상에는 부모와 자식 간에 함께 사는 동안이라 해도 직장생활과 학교생활 등으로 서로 마주할 시간이 많은 것도 아닙니다.

그렇다고 하더라도 예삿일로 그냥 넘겨버릴 일이 아니고 가능하면 자주 마주하여 한마디 대화라도 하여야 합니다.

한 달 동안 서로 얼굴 보기도 힘들고 말 한마디도 못 한다면 그 사이에 정이 붙을 리 없습니다.

그렇게 살다가 자식이 자라서 사회생활이나 결혼 등으로 떨어져 살아야 하는 시기가 되면 부자유친은 더욱 중요합니다.
자식과 함께 살때 완전히 친親함의 관계를 이루었다고 하더라도 결혼 등으로 떨어지게 되면 자연스럽게 소원疏遠의 관계가 되기 쉽습니다.
나이를 먹으면서 외로움도 커지기 쉬운데 부모와 자식 간에 친親함을 이루지 못하면 더욱 외로울 것은 당연합니다.

사정이 이러하니 늙으신 부모님이 살아계시면 부모님을 자주 찾아뵈려 하고, 자식 출가시킨 사람들은 자식들에게 전화라도 자주 하는 습관을 들이는 것이 좋겠습니다.
여기서 자주 마주한다는 것은 전화 등 어떠한 방법이라도 상황에 맞게 하면 될 것이며(심지어는 자나 깨나 상대를 염려하는 마음까지도), 자칫하여 참견이나 간섭으로 받아들이지 않도록 해야 할 일입니다.
부모가 그렇게 하면 자식도 자연스럽게 그렇게 하기가 쉬울 것이니 부자유친은 더 강조할 필요도 없을 것입니다.

부자유친父子有親은 요즘 세상에서 더욱 필요한 덕목입니다.
앞에서도 설명하였지만, 부모가 자식에 대하여 친親함은 자연스러운 현상이며, 자식이 부모에 대한 친親함은 의무와 도리입니다.
부친父親이니 모친母親이니 부모를 친親이라 하여 자식이 부모에 대한 의무와 도리를 강조하고 있습니다.
하지만 자식이 부모에 대한 친親함이 훨씬 더 중하다 해서 부모의 역할이 없어지는 것이 아닙니다.
부모가 하면 자식은 배워서 따라하는 것이니 지금 바로 멀리 있는 자식에게 전화 한 통이라도 해보는 것이 좋겠습니다.

2009년 11월

출가외인出嫁外人은 출가외인出家外人으로

조선 시대부터 내려오는 '출가외인出嫁外人'은 시집간 딸은 친정과는 남이나 마찬가지라는 뜻을 가진 말입니다.
말 그대로 해석하면 여자의 입장에서는 참으로 서운한 말이 아닐 수 없습니다.
요즘에도 이 '출가외인'이란 말을 잘못 사용해서 시집간 딸과 친정 식구 혹은 며느리와 시댁 식구 사이에 섭섭한 감정을 주고받는 경우가 많은 것 같습니다.
인터넷에 '출가외인'을 검색해 보니 부정적인 의미의 글들이 많이 올라와 있습니다.

그렇다면 말 그대로 여자의 존재를 무시하는 부정적인 의미뿐인가 아니면 다소 긍정적인 의미는 없는가?
나는 '출가외인'이란 말속에서 너무나 인간적이고 속 깊은 정이 숨어 있음을 봅니다.

오히려 이 속 깊은 정이 이 말의 본질이란 생각까지 하게 됩니다.

우리는 학교 때문이었든 직장 때문이었든 자식이 멀리 떠나갈 땐 흔히 '집 걱정은 말고 네 몸이나 건강하게 잘 지내거라' 하고 당부하곤 합니다.

쉽게 오가고 쉽게 전화라도 해서 소식을 들을 수 있는 요즘에도 멀리 떠나는 자식에 대한 배려가 이와 같습니다.
고려 시대에는 남자가 여자 집으로 장가가기도 했다지만 조선 시대가 되면서 여자가 남자 집으로 시집가게 되고 어느 날 갑자기 졸지에 부모들이 짝지어 준 남편과 모든 것이 낯선 시댁에서의 힘들고 어려운 삶은 그 정도를 헤아리기가 어려울 것 같습니다.
하루에도 몇 번이고 친정이 그립고 당장이라도 달려가고 싶은 곳이 친정이었을 것입니다.

그러나 시대는 지금과 같이 전화라도 쉽게 하고 한 두 시간 만에 다녀올 수도 없으니 마음속 그리움만 하늘을 찌를 것입니다.
가슴 속에 그리움을 가두고 쉽게 펼치지를 못하니 병이 될 수도 있습니다.

이럴 때 가장 좋은 처방은 무엇일까요 ?
친정을 잊는 것입니다.
하루라도 빨리 새로운 시댁 세상에 적응하는 것입니다.

시집올 때에 친정 부모가 해준 말 '너는 이제부터는 출가외인이니 친정과는 남이니라. 올 생각도 말고 마음속에 담아두지도 말라'는 말은 참으로 정나미가 떨어지는 말입니다.
기대고 싶은 마음은 굴뚝 같으나 기대어 볼 여지가 없습니다.
기댈 곳이 없으니 극단적으로 보면 죽어 없어지든가 오기로 살아남든가 해야 하는데 모든 생명체의 본성은 살아남는 것에 있으니 쉽게 죽을 수도 없습니다.

마침내 정나미가 떨어지니 친정을 쉽게 잊고 시댁에 쉽게 적응할 힘과 오기가 생깁니다.
그 오기는 굳세고 단단한 뿌리가 되어 내리고 새로운 가정에 마침내 푸르고 울창한 숲을 이루게 됩니다.

떠나보내는 딸자식을 앞에 놓고 '너는 이제부터는 출가외인이야.' 하고 절교에 가까운 말을 하는 부모의 마음은 천 갈래 만 갈래입니다.
그러나 돌아서서는 눈물을 훔칠지언정 '앞으로 네가 살아가는 것이 결코 만만치가 않으니 친정 걱정일랑 하지 말고 너 살 궁리나 하려무나.' 는 말은 부드럽게 해서 될 일이 아니니 정나미가 떨어지는 강한 말을 할 수밖에 없습니다.

즉 속으로 울며 말하는 친정 부모와 겉으로 정나미가 떨어지게 듣는 딸의 관계에서 그 효과는 더욱 커집니다.

이런 속뜻을 이해하지 못하고 말하는 이와 듣는 이가 있다는 것이 문제입니다.
겉으로 드러나는 의미만을 가지고 사람의 속을 뒤집어 놓는 것도 문제입니다.
지나친 관심이 오히려 참견과 간섭이 되기도 하고, 친정을 너무 자주 들락거리는 모습 속에서 '출가외인'을 잘못 쓰면 서로 간에 상처가 됩니다.

요즘은 서로 오가기도 쉽고 소식 듣기도 쉬운 시대이니 '출가외인'이란 말이 당치도 않은 말로 들릴지도 모릅니다.
그러나 그 속뜻을 이해하면 요즘도 여전히 '출가외인'은 유효합니다.
예나 지금이나 부모의 마음은 새로운 가정을 꾸리는 자식들이 잘 살기를 바라는 마음이기 때문입니다.
다만 너무 강한 말이 되어 정나미가 떨어지는 말까지는 필요하지 않으며 공부하러 부모 곁을 떠나는 자식에게 해 주듯이 그냥 가볍게 '엄마 아빠 걱정일랑 말고 너희들 몸 건강하게 잘 살아라' 정도의 말로도 충분할 것 같습니다.

아들이건 딸이건 부모 곁을 떠나거나 새로운 가정을 꾸리는 자식 모두에게 말입니다.
그런 의미에서 이 시대에 맞는 '출가외인出嫁外人'은 '출가외인出家外人'이어야 합니다.

자식이 잘 사는 모습을 보는 부모의 마음은 한없이 즐겁습니다.
집 떠난 자식을 걱정하는 부모의 마음입니다.

2010년 10월

부모가 살아계신 동안에는

바람직한 부모 자식 간의 관계에 대하여 생각해 봅니다. 여기에서의 관계는 상대가 나에게 해 주었으면 하는 바람의 관계가 아니고 내가 상대를 헤아려 살펴 주는 관계입니다.

부모는 그저 자나 깨나 자식의 편안함만을 염려합니다.
자식이 아프면 부모도 아프고 자식이 슬퍼하면 부모도 슬퍼집니다. 자식이 상처라도 얻고 어디 질병이라도 걸려 앓게 되면 부모도 함께 아프고 앓습니다.

즉 유우기질唯憂其疾입니다. 부모는 그저 자나 깨나 자식이 어디 아픈 데는 없나 하고 염려하는 것입니다.

그 출처에 대하여 자식이 그 부모를 염려하여 어디 아프신 곳은 없나 하고 항상 염려한다고 풀이하기도 하지만 자식에 대한 부모의 마음이 그렇다고 해석함이 맞을 거 같습니다.

부모는 자식이 어디 아픈 데는 없나 하고 항상 걱정하게 되니 그 자식은 몸 관리를 잘하여 병들지 않고 아픈 모습을 보이지 않는 것이 효도가 됩니다.

이런 이유로 신체발부수지부모身體髮膚受之父母 불감훼상효지시야不敢毀傷孝之始也라 했습니다. 아는 바와 같이 몸뚱어리 일체(영육 간에 모든 것)가 부모로부터 받은 것이니 감히 헐거나 상처 내지 말고 건강하게 잘 보존하는 것이 효의 시작이라는 말입니다. 입신행도立身行道는 그다음이지요.

내 몸이라고는 하지만 부모가 살아 계신 동안에는 내가 마음대로 해서 될 몸이 아닙니다.

내 몸이 부모의 것이라는 것은 어떤 소유 관계를 말하는 것이 아니고 내 몸에 일어나는 현상이 부모의 마음을 더욱더 크게 움직인다는 것입니다.

내가 내 몸을 다치거나 손상하거나 병들거나 어떤 흠집을 내게 되면 본인인 나보다도 부모는 더 크게 아파하게 되니 흔히 '예전에는 몰랐는데 제가 자식을 낳아보니 부모님 마음을 알겠더라.' 는 말에 그 의미가 있습니다.

요즘 젊은이들은 '내 인생은 내꺼야' 라는 말을 즐겨 하는 모양입니다.

그 말은 맞는 말입니다. 스스로 귀한 줄을 알고 존중할 줄 알면 남도 귀한 줄 알게 되기 때문입니다.
그런데 그 말을 하는 사람들이 어떤 조건에서 그런 말을 하는가가 문제입니다.

대개는 남(부모이기 쉬움)의 간섭이 싫어서 왜 참견하느냐는 마음의 표현이기 쉽습니다.
이렇게 되면 부모 자식 간에 갈등이 생깁니다.
부모가 자식을 대하는 마음은 소유하거나 관리하여야 하는 대상이 아니라 그저 염려하는 대상이어야 합니다.
자식이 부모를 대하는 마음은 자나 깨나 내 몸을 염려해주는 부모의 그런 마음을 스스로 헤아릴 줄 아는 마음가짐입니다.

지금까지 내용을 쉽게 정리하면 부모는 자식이 몸과 마음에 병이 들어 나보다 먼저 죽는 것을 가장 걱정한다는 것입니다.
한없이 종자를 번성케 하려는 인간에게 있어서 아비가 죽은 다음에 자식이 죽는 것은 자연의 섭리이며 이를 거스르는 것은 자연의 섭리가 아닙니다.

따라서 부모가 자식을 염려하는 것은 자연스러운 현상이니 특별한 일이 아니며, 자식이 그런 부모의 마음을 헤아려서 몸과 마음에 병들지 않고 건강할 수 있도록 노력하고 보존하는 일이 중요합니다.

살다 보면 어쩔 수 없이 병도 들고 다치기도 한다지만 스스로 몸과 마음을 상하게 하는 일은 없어야 하겠습니다.
적어도 부모님 살아 계신 동안에는…….

2011년 7월

속 뜻 뒤집기

명심보감 한 구절입니다.
갈시일적渴時一滴은 여감로如甘露
취후첨배醉後添盃는 불여무不如無
술은 적당히 마실 때 좋은 것이지 그 정도를 지나치면(취한 후에 더 마시면) 안 마시니만 못하다는 뜻으로 즐겨 쓰고 그렇게 배우는 글입니다.

물 없이는 못 살아도 술 없이는 살 수 있으니 물이 술보다 더 귀하고 소중한 것이기는 하지만 이때의 물과 술의 대비는 귀하고 즐거움을 주는 술을 일상적으로 흔히 마실 수 있는 물보다 상위 개념으로 본 것입니다.
물은 쉽게 얻을 수 있는 하잘것없는 것으로, 좋은 자리에서 좋은 기분을 느끼기 위하여 돈을 주고 구해야 하는 술은 귀한 것으로 봅니다.
물도 처음 일적一滴이 감로수지 후에 마시는 충분한 물은 이미 감로수가 아니며, 취하기 위해 마시는 것이 술이라 하나 적당히 취한 상태를 넘으면 이미 술의 귀한 정도가 떨어지고 오히려 해로움을 주게 됩니다.

이렇게 보고 그 의미를 뒤집어 해석하면 '너무나 흔하여 언제 어디서나 돈 없이도 쉽게 마실 수 있는 하잘것없는 물도 갈증을 느낄 때 마시면 최고의 가치와 희열을 주는 감로수가 되지만 좋은 기분을 느끼기 위하여 좋은 분위기에서 귀한 돈까지 주고 사서 마셔야 하는 술이라는 것도 그 정도를 넘으면 탈이 되어 아예 마시지 않으니만 못하게 된다'는 해석이 됩니다.

사람이 필요하여 소유하는 모든 것이 지극히 필요한 순간에 얻게 되면 참으로 소중한 것이지만, 아무리 귀하고 좋은 것이라도 좀 더 욕심을 내어 하나를 더 가지려 하면 오히려 탈이 될 수 있음을 경계한 말입니다.

즉 술에만 시선을 주어 '술은 적당히 마시세요.'가 아니고 '아무리 귀한 것이라도 적당히 가질 줄 아셔야 합니다.' 인 것입니다.

2011년 10월

천고마비天高馬肥라는 말에서

이제 또다시 가을 문턱입니다.
우리는 흔히 가을을 천고마비의 계절이라 합니다. 여기서 왜 하필이면 가을을 말이 살찌는 계절이라 하였는가가 궁금합니다.
소-돼지-개-고양이 등 얼마든지 많은 동물 중에 모든 것이 풍성한 가을을 맞았으니 살찌지 않을 것이 없을 텐데 왜 하필이면 말이냐는 것입니다.
대수롭지 않게 여기던 말을 이 말의 어원보다는 음양오행의 흐름을 좇아 풀어봅니다.

이것을 설명하기 전에 이때의 말이 그저 마馬(말)인지 12지지의 오午(말)인지를 구별하여야 합니다.
나는 음양오행을 공부하는 사람이니 12지지의 오午(말)이라고 보겠습니다.
오행으로 화火인 오午(말)는 양중양陽中陽인데 여름 또한 양중양陽中陽이니 여름火을 만난 오午(말)는 강하기로는 엄청 강하지만 음양이 조화롭지를 못하여 대단히 불안정합니다. 마음이 불안정하니 여름의 오午(말)가 살이 찔 수 없습니다.

봄木도 양중음陽中陰의 계절이니 봄을 만난 오午(말)도 양陽으로 치우쳐서 그 정도만 다를 뿐 음양이 조화롭지 못한 것은 매일반입니다.

이러한 오午(말)가 음양의 조화를 이루는 계절은 음陰의 계절인 가을金이나 겨울水 뿐입니다.

가을은 오행으로 금金이며 음중양陰中陽이고, 겨울은 수水이며 음중음陰中陰입니다.

화火인 오午(말)가 가을金을 만났을 때와 겨울水를 만났을 때는 어떻게 다를까요?

오午(말)에게는 두 계절 모두 음양의 조화를 이루고 짝을 만날 수 있는 좋은 계절입니다.

그러나 가을金은 오午(말)가 음양의 조화를 이룰 수 있으면서도 상대의 부담으로부터 자유롭고, 겨울水은 오午(말)가 음양의 조화는 이룰 수 있지만, 상대의 부담에서 자유롭지 못하다는 차이가 있습니다.

즉 가을은 화극금火剋金으로 오午(말)가 음양의 조화도 이루고 자기 힘으로 상대도 제압하면서 살게 되니 마음이 편하고 걱정거리가 없어 살이 오르게 되고, 겨울은 수극화水剋火가 되어 오午(말)가 음양의 조화를 이루고 짝을 만나서 좋기는 한데 상대가 나보다 강하여 상대의 눈치를 보고 기를 펴지 못하고 살게 되니 가을만 못하게 된다는 뜻입니다.

따라서 4계절 중에 오午(말)의 입장에서 보면 금金의 계절인 가을은 음양이 조화롭고 오행이 부담스럽지 않아서 가장 좋은 계절입니다.

결론적으로 말은 강한 양陽의 동물이며 화火인데 같은 양陽의 계절인 봄-여름은 음양이 조화롭지 못해서 배우자를 구하지 못한 꼴이고, 음陰의 계절인 가을과 겨울 중에서도 겨울은 배우자를 구하기는 했는데 엄한 배우자를 만난 격이라 마음이 편치를 않고, 가을은 순하고 착한 배우자를 만나서 화목한 가정을 이루고 마음이 편하여 가만히 있어도 살이 찔 수밖에 없는 모습이 된다고 해석할 수 있습니다.

이 말의 어원을 말하는 것이 아니고 음양오행으로 이렇게 풀어놓고 보니까 가을은 말이 살찌는 계절이란 말이 훨씬 더 실감 나게 느껴집니다.

2013년 8월

촌음寸陰을 아끼자

점이 모여서 선을 이루듯 짧은 순간이 모여서 긴 시간을 이룹니다.
오늘 내가 만나는 이 순간은 과거 지나간 순간들의 인과因果이며, 또한 오늘 이 순간이 인과因果 되어 다음 만나는 순간들을 이룹니다.
아무리 짧은 찰나일지라도 그것이 없으면 오늘이 없습니다.
시간은 순간의 연속된 결과이기 때문입니다.

한평생이란 말 속에는 시작과 끝이 있다는 말이며, 한평생인 사람의 삶도 오행의 주기로 나누어 보면 목木(소년기)으로 부터 시작하여 화토금火土金(청장년기)을 거쳐 수水(노년기)에서 마감하는 것으로 볼 수가 있습니다.

태어나서 성장하고 앞만 보며 달리다가 사회의 구성원으로 제 역할을 하게 되고, 조용히 지나온 과거를 돌아보는 순간이다 싶었는데 어느새 죽을 날이 가까워졌음을 느끼게 됩니다.

성장발전의 기운이며, 왕성한 추진력이며, 세상에 두려울 것이 없는 청소년기는 자체만으로 보면 아주 짧은 찰나일지 모르나 앞으로 만나게 될 한평생의 밑거름이기 때문에 인생에 있어서 가장 중요한 시기가 됩니다.

목화木火의 순간들이 인과因果되어 토土를 거쳐 금수金水의 순간을 맞이하니 목화木火(소년기-청년기)의 시기를 잘 보내면 금수金水(노년기)의 수확이 풍족하기 때문입니다.
오늘 만나는 이 순간은 독립적으로 어디서 떨어져 나온 것이 아니고 과거 내가 지나온 수많은 찰나들의 결과물입니다.

청춘은 아끼고 보듬어야 할 순간입니다.
젊었을 때 즐겨 외우던 유달영 선생님의 시가 생각납니다.

그대 아끼게나 청춘을!
이름 없는 들풀로 사라져 버림도
영원히 빛나는 삶을 광영도
젊은 하루의 쓰임새에 달렸나니
오늘도 가슴에 큰 뜻을 품고
젊은 하루를
뉘우침 없이 살게나. (유달영)

2008년 7월

부끄러움을 안다는 것

4단四端에 수오지심羞惡之心이란 게 있습니다. 자신의 허물을 부끄러워하고 남의 잘못을 미워하는 것입니다.
자신의 허물을 부끄러워함은 자신을 엄정하게 돌아보는 것만으로도 가능하고, 자신을 잘 살펴서 부끄러움을 알게 되면 자신을 계발하고 남을 의식하게 되어 결국 나를 위하는 일이 될 수 있습니다.
남의 잘못을 미워하는 것은 전체 집단의 올바름을 지켜나가는 데 있어서 대단히 중요한 일이기는 하지만 나의 잘못을 가리고 남의 잘못만 들추어내는 것으로 보일 여지가 있으므로 여간 조심할 일이 아닙니다.

따라서 남의 잘못을 미워한다는 말은 남의 잘못을 들추어 미워하라는 말이 아니고 나의 잘못을 남이 미워하고 있어라는 것을 알고 있다는 말입니다.

따라서 수오지심의 핵심적인 가르침은 자신의 허물을 부끄러워할 줄 알아야 한다는 것으로 정리할 수 있습니다.

자신의 허물을 부끄러워한다는 말은 무엇인가요?

부끄러워한다는 말은 두 가지 의미로 살펴볼 수 있습니다.
하나는 자신에게 대한 부끄러움이요, 또 하나는 남에게 대한 부끄러움입니다.
각각의 개념이 다르므로 한마디로 말하기는 어렵겠지만 자신의 무지-어리석음-바르게 알지 못함-자신을 지나치게 높임-남을 지나치게 업신여김-판단 잘못-오만불손-자기중심적인 사고 등에 대한 부끄러움이 아닐까 생각해 봅니다.

스스로 그런 일을 생각해도 부끄러운 일이고, 그런 일로 남에게 드러내거나 강요했을 때 그들이 어떻게 생각했을까를 생각하면 남에게 부끄러운 일입니다.

왜냐하면, 나의 잘못된 판단이나 행동을 남이 미워하고 있다는 것도 모르고 있었다는 것이 되기 때문입니다.

요즘 갑질이란 말을 언론 등을 통하여 자주 듣습니다.
기업인-정치인-학자-심지어 종교인들까지 그 부류를 한정할 수 없습니다.

부끄러운 줄 알아야 하는데 한결같이 부끄러운 줄을 모르는 것 같습니다.

어떤 기업인은 전혀 부끄러운 줄 모를 것 같은 얼굴로 사과문을 죽죽 읽기도 하고 눈물을 흘리기도 합니다.

갑질과는 무관한 일이지만 정치인의 경우는 내가 주장한 정책적 판단이나 생각에 대한 남들의 반응을 표의 결과로 살필 수 있어서 지극히 현실적이고 생생합니다.

표의 결과가 절대적인 것이라고 말할 수는 없겠지만 투표로 국민의 마음을 헤아려 보겠다고 방편으로 삼았다면 한 표라도 많은 쪽이 한 사람이라도 많다는 것을 의미하기 때문입니다.
나의 생각을 지지하고 옳다고 믿어주는 사람도 많이 있지만 그렇지 않은 쪽이 더 많다면 나의 판단이나 행동을 밉다고 보는 사람이 한 사람이라도 더 많다는 의미가 됩니다.

표의 결과가 나타나기 전까지 나를 미워하는 사람보다는 믿고 따르며 미워하지 않는 사람이 훨씬 더 많다고 굳게 믿었던 사람이라면 당장 부끄러운 일이 아닐 수 없습니다.
이렇게 되면 나에 대하여 부끄럽고 남에 대하여 부끄러움을 알아서 마음으로 뉘우쳐서 스스로의 부끄러움에서 벗어나고 이를 사과하여 남에게 부끄러움에서 벗어나는 것이 상책입니다.

거창하게 참회한다거나 회개한다거나 하는 종교적인 말을 쓸 것도 없습니다.

그저 쉬운 말로 진심으로 뉘우치고 고개 숙여 사과하는 일이 결코 비굴한 일이 아니며 그렇게 하여 고치고 계발하여 다듬는다면 이것이 곧 나를 위하는 일이 됩니다.
그렇게 하여 부끄러움을 벗어날 수 있기 때문입니다.

뉘우쳐서 사과할 줄 모르는 사람은 부끄러움을 모르는 사람이니 날이 갈수록 더욱 다른 이의 미움만 쌓이게 될 것입니다.
심지어 맹자는 무수오지심無羞惡之心이면 비인야非人也 (잘못을 부끄러워하는 마음이 없으면 사람이 아니다.) 라고 하였습니다.

2016년 4월

화和와 동同

화和와 동同은 이렇습니다. 화和는 상대방의 생각이 나와 다를지라도 화합을 이루기 위하여 자신의 주관을 견지하면서 상대방의 생각도 존중해줌을 말합니다.
동同은 이익을 추구하기 위하여 자신의 주관을 버리고 완전히 상대방에게 동화됨을 말합니다.

화和의 특성은 신하는 각각 주장할 줄 알고, 군주는 그 주장들을 존중할 줄 압니다. 소란한 것 같지만 마침내 조화를 이루게 됩니다.
동同의 특성은 신하는 주장을 버리고 하나 되어 아첨하고, 군주는 아첨을 달게 받고 주장을 멀리하여 배신이라 여깁니다. 일사불란한 것 같지만 획일적이고 다양하지 못합니다.

화和의 집단을 군자의 집단이라 합니다. 조화로운 집단입니다. 지도자의 부족한 부분을 참모가 채울 수 있습니다.
동同의 집단을 소인의 집단이라 합니다. 패거리 집단입니다. 지도자만 따르는 모습이니 그 이익이 없어지면 쉽게 와해돼 버립니다.

백성의 눈은 무엇인가요?

화和와 동同을 구분하여 감시하는 것입니다.

화和에도 잘잘못이 있고 동同에도 잘잘못이 있습니다.

그 잘잘못은 화和와 동同을 구분한 다음에 바로 보입니다.

주위의 주장은 거센데 조화를 이루지 못하고 허둥대면 소란만 커지고, 일사불란하여 잡음은 없는데 규제가 많아지고 다양성이 훼손당하면 부패하기 쉽습니다.

나라가 이와 같으면 이를 감시하여 문제가 커지면 행동으로 바로잡는 것이 백성입니다.

군자는 화이부동和而不同하고 소인은 동이불화同而不和 합니다.

2016년 11월

오행으로 풀어보는 삼복三伏에 닭과 개를 먹는 이유

복날에 닭과 개고기를 먹는 이유를 각자 자기에게 맞는 방식으로 설명하고 있습니다. 어떤 이는 사상체질이 어떻고, 어떤 이는 영양가가 어떻고 합니다. 음양오행을 공부하는 사람의 눈으로는 그러한 설명은 본질이 아닙니다.

복날에 닭과 개고기를 먹는 것은 그 속에 오행을 보는 지혜가 있고, 이러한 오행의 힘으로 한여름 더위를 넘겨보고자 하는 조상들의 지혜가 숨겨져 있기 때문입니다. 복伏은 엎드린다는 뜻입니다. 무엇이 엎드릴까요? 더위가 기승을 부리니, 서늘한 기운이라고는 어느 곳에서도 찾을 수 없습니다.

즉 서늘한 기운이 엎드린다는 뜻입니다. 서늘한 기운은 무엇인가요? 경금庚金입니다. 따라서 초복, 중복, 말복은 모두가 경庚일입니다. 한 여름에 서늘한 기운을 애타게 바라는 마음이 담겨 있습니다.

이러한 경庚일에 복伏자가 더해지니 삼복三伏 모두는 경금庚金이 엎드리는 날이 됩니다. 무엇이 경금庚金을 엎드리게 했을까요?
더위가 기승을 부리니 더위가 그렇게 만들었습니다.
무엇이 더위의 기운인가요?
병화丙火입니다. 화火극금金이니 병丙극경庚이 됩니다. 병화丙火가 경금庚金을 내리누르니, 온천지에 불기운은 충만하고 기세에 눌린 서늘한 기운인 경금庚金은 땅으로 바짝 엎드릴 수밖에 없게 된 겁니다.
어떻게 해야 하나요.
적천수滴天髓에 다음과 같은 구절이 있습니다. 병화맹렬丙火猛烈 기상모설欺霜侮雪 능단경금能煅庚金 봉신반겁逢辛反怯 한마디로 말하면 천하에 두려울 것이 없을 듯싶은 병화丙火도 신금辛金 만나는 것을 오히려 두려워한다는 뜻입니다. 두려워한다기보다는 서로 합하여 사랑에 빠지게 되니 병화丙火 스스로의 본질을 잃을까 봐 이를 두려워하게 됩니다.

사랑에 빠지면 제 할 일을 잊는 경우가 많으니 그리 될까 봐 두렵다는 뜻이 충분히 이해가 갑니다.

따라서 병화丙火는 맹렬하여 당할 장사가 없는데 맹렬한 병화丙火의 열기를 잡는데 병학丙火의 애인인 신금辛金을 소개해주면 될 듯도 합니다. 신辛을 병丙에 가깝게 해서 병丙과 신辛이 서로 병신丙辛 합하여 사랑에 쉽게 빠지게 한다는 뜻입니다.
경庚과 신辛은 오행으로는 같은 금金이건만 병화丙火가 보는 입장으로는 이처럼 다릅니다. 병화丙火가 애인과 사랑에 빠져있는 틈을 타고 경금庚金이 고개를 들게 할 수 있으니 말입니다.
12지지는 각각의 동물로 나타나며 모두가 천간 두세 개 씩을 포함하고 있습니다. 닭은 유酉이며, 개는 술戌입니다. 유酉(닭) 안에는 경庚과 신辛이 함께 있으며 술戌(개)안에도 신辛과 정丁, 무戊가 함께 있으니 모두가 신(辛)이 있습니다.

따라서 유酉(닭)과 술戌(개)를 먹음으로써 신辛을 몸에 보충하고, 외부로부터 밀려오는 병화丙火와 사랑에 빠지게 함으로써, 그 틈을 타고 이때까지 바짝 엎드려 있던 서늘한 기운인 경금庚金을 일으켜 세울 수 있는 것입니다.

이렇듯 복날에 닭과 개를 먹는 데서도 지혜로운 우리 조상들의 오행관이 숨겨져 있다고 할 수 있습니다. 12지지중에 신금辛金이 있는 동물은 닭과 개밖에 없는가? 그렇지 않습니다. 축丑(소)에도 들어있습니다. 12지지 중에 신금辛金이 있는 것은 이처럼 닭(酉). 개(戌). 소(丑) 밖에 없습니다.

그런데 복날에 쇠고기를 먹는다는 얘기는 없는 것 같습니다. 왜일까요? 지금이야 쇠고기를 언제 어디서나 마음만 먹으면 쉽게 먹을 수 있게 되었지만, 소는 농경사회에 없어서는 안 될 재산이며 쉽게 먹을 수 없는 귀하디귀한 고기였습니다. 복날이라 해서 소까지 잡아먹는 무모한 일은 하지 않았던 것이지요.
이제는 얼마든지 쉽게 쇠고기를 먹을 수 있는 시절입니다.

위와 같은 오행관으로 보면 복날에 쇠고기를 먹어도 더위 달래는 데는 그만일 것입니다. 순수하게 오행관으로만 본다면 좋기로야 쇠고기가 더욱 좋을 것입니다.

12지지의 고기 중에서, 쇠고기 안에는 계癸(물)도 있고, 신辛도 있고, 기리(젖은 흙)도 있으니 병화丙火의 맹렬함을 누그러뜨리는 데에는 이보다 더 좋은 음식이 없습니다. 나는 올여름에 쇠고기 먹고 더위를 이겨 볼 생각입니다.

2017년 7월